羽毛球运动课程教学

理论分析与实践研究

杨 光◎著

中国水利水电出版社
www.waterpub.com.cn

·北京·

内 容 提 要

在体育教学中，羽毛球教学是我国体育教学的重要内容。本书对羽毛球运动课程教学理论进行了分析，并对其教学实践进行了研究。其主要内容有羽毛球运动基本知识概述、羽毛球课程教学的科学理论基础分析、羽毛球课程教学基本理论研究、羽毛球课程教学设计的研究与探讨等。

本书内容详实，结构明了、知识点丰硕，是一本值得学习研究的著作。

图书在版编目（CIP）数据

羽毛球运动课程教学理论分析与实践研究/杨光著
. —北京：中国水利水电出版社，2017.6（2022.9重印）
ISBN 978-7-5170-5532-7

Ⅰ.①羽… Ⅱ.①杨… Ⅲ.①羽毛球运动—体育教学—教学研究 Ⅳ.①G847.2

中国版本图书馆 CIP 数据核字（2017）第 148958 号

书　　名	羽毛球运动课程教学理论分析与实践研究　YUMAOQIU YUNDONG KECHENG JIAOXUE LILUN FENXI YU SHIJIAN YANJIU
作　　者	杨　光　著
出版发行	中国水利水电出版社
	（北京市海淀区玉渊潭南路 1 号 D 座 100038）
	网址：www. waterpub. com. cn
	E-mail：sales@waterpub. com. cn
	电话：(010)68367658(营销中心)
经　　售	北京科水图书销售中心（零售）
	电话：(010)88383994、63202643、68545874
	全国各地新华书店和相关出版物销售网点
排　　版	北京亚吉飞数码科技有限公司
印　　刷	天津光之彩印刷有限公司
规　　格	170mm×240mm　16 开本　17.5 印张　227 千字
版　　次	2017 年 10 月第 1 版　2022 年 9 月第 2 次印刷
印　　数	2001—3001 册
定　　价	53.50 元

前　言

我国长期以来一直是羽毛球强国,近年来,我国涌现出了一大批优秀的羽毛球运动员。在 2016 年里约奥运会上,我国选手谌龙收获了羽毛球男单冠军,男双方面,傅海峰/张楠组合也最终夺冠。我国的羽毛球运动得到了较为普遍的开展, 其也成为人们健身娱乐的重要方式。

在体育教学中,羽毛球教学是我国体育教学的重要内容。然而,纵观我国羽毛球教学的现状,不管是在羽毛球教学理论还是具体的课程实践中,都存在一些影响羽毛球教学发展的因素。例如,课程设置不合理、教学模式与方法陈旧单一等。为了促进羽毛球课程教学的发展,有必要对其教学理论和教学实践进行科学、系统地分析。因此,本人特撰写了这本《羽毛球运动课程教学理论分析与实践研究》。

本书共分为九章,对羽毛球课程教学理论进行了分析,并对其教学实践进行了研究。具体而言,第一章对羽毛球运动基本知识进行了概述,包括羽毛球运动的起源与发展、特点与功能、基本常识、运动组织机构与大型赛事;第二章对羽毛球课程教学的科学理论基础进行了分析,包括运动生理学基础、运动心理学基础、运动营养学基础、教育学基础等;第三章对羽毛球课程教学基本理论进行了研究,包括课程教学所遵循的基本原理与原则、基本任务与内容、教学文件的制定与实施;第四章对羽毛球课程教学方法体系的建设进行了研究,首先对常见的教学方法进行了分析,其后对羽毛球教学方法的选择与运用进行了讲解,最后对羽毛球教学方法的创新进行了探讨;第五章对羽毛球课程教学设计进行了研究与探讨,首先对课程教学设计进行了概述,其后分别对教学目标、教学策略、教学环境、教学方案、教学评价等的设计进行了分析；第六章和第七章分别对羽毛球技术和战术原理进行了分析，并对其实践进行了指导；第八章对羽毛球身体素质与心理素质理论与实践进行了指导研究；第九章对羽毛球游戏实践进行了指导研究。

综合来看，本书对羽毛球课程教学的相关理论进行了全面分析，在此基础上对其实践进行了指导研究。本书内容详实，对羽毛球教学进行了系统探讨，对于羽毛球教学的开展具有重要的指导意义。对于羽毛球教师而言，这是一本良好的教学指导用书。

在撰写本书的过程中，作者参考了多位学者的著作，在此对他们对羽毛球教学的发展所做出的贡献表示感谢。由于本人能力有限，书中难免有不当之处，恳请广大读者见谅。

作者

2017 年 4 月

目　　录

第一章　羽毛球运动基本知识概述

羽毛球运动是一项在世界范围内广泛开展的小球运动。羽毛球运动对场地要求不高,具有很强的竞技性和娱乐性,是人们进行身体锻炼的一种非常好的方式。在我国全民健身的大背景下,羽毛球运动发展呈现出蓬勃生机,像林丹、蔡赟、傅海峰等羽毛球健儿在国际赛场上摘金夺银,也极大地鼓舞了中国人民的士气。

第一节　羽毛球运动的起源与发展

一、羽毛球运动的起源

关于羽毛球运动的起源,在世界历史上并没有确切的答案。据《大不列颠百科全书》记载,在 2000 多年以前,原始的羽毛球游戏就已经在部分地区推广普及了。根据时间和影响力这两个因素,我们把羽毛球运动的起源分为"古代羽毛球游戏"和"现代羽毛球运动"。

(一)古代羽毛球游戏

1. 中国古代羽毛球游戏

据《民族体育集锦》所记载,"相传,中国在远古时期就有类似羽毛球活动的存在,其玩法、性质以及所用的一些器材,同世界上较早有这项活动的国家相比没有太大的差异,只是在对这种游戏活动的称呼上不同而已。"我国贵州的苗族同胞至今还流行一种二人之间用板子相互击打鸡毛毽的游戏,被称为"板羽球"。由于缺少详细的文字记载,所以很难考证古代羽毛球活动在我国的开始时间。

2. 日本的"追羽根"

在日本的贞享二年(公元 1685 年),正月新年期间日本女子用羽子板击球,玩一种被称作"追羽根"的游戏,这种游戏很像现在的羽毛球运动。"追羽根"的球拍为木质,球是在樱桃核上插几根羽毛制作而成。这种球在相互击打中飞行速度极快,球很容易被打坏,加之制作起来非常麻烦,因此这种游戏并没有流传很长时间。

3. 印度的乡土游戏

在 19 世纪,印度的某些地区流行着一种叫做"扑那"(Poona)的游戏。据史料记载,1820 年,孟买城中一个名叫 Poona 的街道,当地居民开展并流行一种类似于现代羽毛球运动的击球游戏。这类游戏的用球是用绒线编织成小球,在球上插几根羽毛,球就做好了。游戏者二人隔网相对,手持木拍,将球击过网,来回击打。这种有意思的游戏得到了迅速的普及,走向印度全国,之后遍布全亚洲、全世界。所以当今世界有些地方的人们把现代羽毛球运动依旧称为"印度人的游戏"。

(二)现代羽毛球运动

现代羽毛球运动起源于英国。1870 年,在格罗特郡伯明顿村,有一位名为波福特的公爵在自家庄园中接待从印度返回英国度假的英国军官。由于当时天气不太好,不利于进行室外活动,时间久了大家都感到寂寞无聊,想找点乐子,在座的客人中有一位从印度退役的军人提议大家在屋子里玩从印度见到的"扑那"

游戏,大家便开始尝试这种全新的游戏,并感到十分有趣。当时游戏中,游戏用的球是一个毽子,而球拍则是毽子板。在这之后,"球"的毽子与"球拍"的毽子板逐渐改进,从而发展成现在的羽毛球和羽毛球拍。这项游戏极富趣味性和娱乐性,受到了当地人的喜爱并逐渐流行。此后,这种在室内进行的游戏传遍英伦,英国人根据它的起源地把这种游戏命名为"伯明顿",即 Badminton,也就是我们所说的羽毛球。

二、羽毛球运动的发展

羽毛球运动从开展、普及到推广至全球,在全世界形成了多元化的格局。同时我国作为羽毛球传统强国,也经历了几十年来刻骨铭心的发展,一代又一代羽毛球健将刻苦训练、努力拼搏,在中国体育历史上留下了自己的足迹。

（一）世界羽毛球运动发展概况

1934 年,在英国成立了国际羽毛球联合会,总部设在伦敦。从此,羽毛球运动更加规模化和国际化,出现了更多的国际比赛。不断发展随着羽毛球运动,技战术从单一到全面,从全面到快速灵活,从快速灵活到多变,随着时代发展不断革新。

1. 第一次飞跃

第一次飞跃是羽毛球运动的初创时期,此时英国是世界羽毛球坛最强的国家。以现在的视角去看,初创时期英国选手的技术十分单一,打法也相对单调,在战术上一成不变,但他们的能力水平在那个时代确实是最高的,他们为羽毛球的发展与革新也做出了相应的贡献。直到 1939 年,丹麦、加拿大等国的球手革新了打法,采取进攻型的战术,还具备出众的体能素质。此时英国选手的王者地位受到冲击,一家独大的局面被打破。在第 36 届全英锦标赛上,英国选手只获得了混双项目的冠军,在之后的两届全英锦标赛中,丹麦运动员囊获了所有项目的冠军。

2. 第二次飞跃

在 20 世纪 50 年代至 60 年代中期,世界羽毛球运动产生了第二次飞跃。此时羽毛球在技战术上有了很大的变化。这一阶段,男子项目中亚洲选手产生了更先进的技战术,世界羽毛球重心逐渐从欧洲转移到亚洲,亚洲选手逐渐成为羽坛的主要力量。

20 世纪 50 年代,马来西亚、印尼这两个东南亚国家逐渐发展出高水平。他们的选手擅长以拉、吊技术来控制球的落点,主要代表人物是马来西亚的王炳顺、庄友明。这阶段,马来西亚队 3 次夺得汤姆斯杯,他们的运动员在 1950—1957 年进行的 8 次全英羽毛球锦标赛上全部蝉联男子单打冠军;在 1951—1954 年,蝉联 4 届男子双打的冠军。

自 1958 年起,羽毛球的技术愈发的快速和灵活。快速灵活打法的代表人物是印尼的陈友福,他的脚下速度非常快,运用下压抢网和加强扣杀上网的技术击败了之前一代的选手,开启了世界羽毛球坛的"印尼时代"。从 1958—1979 年,在 8 届汤姆斯杯赛中印尼队拿到了 7 次冠军。

这一时期虽然新中国已经成立,但中国因为某些原因并没有加入国际羽联,因此也参加不了世界官方的羽毛球赛事。虽然参加不了大赛,但我国选手的球技却有着突飞猛进的提高,与世界一流水平看齐。汤仙虎、侯加昌等我国羽毛球健儿采取了快攻打法,这种打法的特点是除了要求较快的移动速度外,还体现在后场跳起扣杀后快速上网高点击球、两边起跳突击、发球抢攻等方面,其技术风格简单概括,就是"快、狠、准、活"。中国选手的技战术打法拥有着绝对的优势,一路打败印尼、丹麦等国的强手,中国选手创建的快攻技术被国际羽坛所接受。

到 20 世纪 60 年代末 70 年代初,各国开始研究中国球员的技战术特点,国际上的羽毛球选手们加强了速度和进攻,发展出新的技术风格,出现了以印尼梁海量为代表的劈杀技术,以林水镜为代表的双脚起跳扣球技术。

3. 第三次飞跃

20 世纪 80 年代,羽毛球运动开始了第三次的飞跃。此时羽毛球的技术和战术向着快速、全面、灵活多变的方向发展。以中国、韩国、印尼、马来西亚、印度、丹麦为代表的选手比赛节奏更加快速,打法更加多变,每个优秀的运动员都有自己的拿手技术,各显神通。在此时,羽毛球的技术发展到登峰造极的阶段,世界羽毛球名将的运动水平到达巅峰水准。

80 年代初,世界羽毛球优秀运动员代表有印尼的林水镜、苏吉亚托,中国的韩健、栾劲、陈昌杰,印度的普拉卡什,丹麦的费罗斯特等。最突出的代表人物是印尼名将林水镜,他的比赛节奏很快,进攻凶悍;而丹麦名将费罗斯特和我国选手韩健则是以控制对方后场进攻、强调防守、创造机会反攻为特征。80 年代中后期,代表人物有中国的杨阳、赵剑华、熊国宝,印尼的罗天宁、阿迪、魏仁芳,马来西亚的拉蒂夫·西德克,韩国的朴柱奉、丹麦的拉尔森等。

到了 20 世纪 90 年代,羽毛球的技战术水平继续发展,又出现了新的技战术。以马来西亚西德克兄弟为代表的拉、吊结合技术以及以中国吴文凯、刘军为代表的快攻型打法在世界羽毛球坛独树一帜。进入到 21 世纪后发展到现在,世界羽毛球坛一直呈现出群雄争霸的局面,各个羽毛球强国都有相当数量的羽毛球好手。中国的林丹、谌龙,印尼的陶菲克、索尼,韩国的李炫一、孙完虎,马来西亚的李宗伟,丹麦的盖德、安赛龙等,各羽毛球名将的激烈交锋使羽毛球呈现出缤纷色彩。

4. 女子运动发展

与男子运动相比,世界女子羽毛球运动起步稍晚,而其技战术的发展轨迹是沿着男子运动的发展而发展的。20 世纪 40 年代末至 50 年代初,丹麦选手显示出强大的竞争力,她们在全英羽毛球锦标赛上 7 获单打冠军、5 夺双打冠军。

到了 50 年代中期至 60 年代中期,美国姑娘们吸收并掌握了男子运动员的快攻、拉吊等技术,形成了男子化的打法,其竞技水平有了很大的提高。1954—1967 年间,美国选手获得了 13 次全英锦标赛女单冠军,美国队夺得了 3 次尤伯杯冠军。到了 60 年代末期,日本选手形成了防守打法,在进攻的基础上重视防守,以天衣无缝的防守让对手感到心理压力,从而寻找到克敌制胜的方法,这种打法体现出极大优势。她们在 1965—1981 年间 5 次获得尤伯杯冠军,6 次获全英锦标赛的女单、女双冠军。

中国女子羽毛球运动起步于 20 世纪 50 年代,用了十几年的时间即达到了世界先进水平。这一时期,以陈玉娘、梁小牧、梁秋霞为代表的中国女羽姑娘们学习男子的技术动作,形成了快攻、灵巧的风格打法。

到了 80 年代,中国女子羽毛球队追随男队的脚步,同样走向国际,参加羽毛球的世界顶尖赛事。以张爱玲、李玲蔚、韩爱萍等为代表的女羽健儿,展现出中国女运动员的良好风貌。她们技术全面、打法多变,主动出击,快速突击性强,建立了中国女队的鼎盛时代。

90 年代,世界女子羽毛球的代表人物为我国的唐九红、黄华、叶钊颖和印尼的王莲香、韩国的方珠贤等女子名将,她们的风格更加果断凶狠,表明女子技术动作更接近男子,女子比赛的节奏越来越激烈。

5. 当今趋势

从现在的世界羽毛球坛发展分布来看,高水平的国家还是集中在亚洲。男子项目中印度尼西亚、马来西亚、韩国、丹麦、中国等队人才辈出,都有着争夺冠军的实力,世界男子羽坛呈现出多元发展的局面。

女子方面,中国队在 2012 年伦敦奥运会后实力下滑,随着老一辈运动员的退役,出现了人才断档,但现役队员依旧要努力捍卫中国队的荣誉。其他国家中,印尼、韩国、马来西亚、丹麦等队都有着很强的实力。显然,世界羽毛球运动的格局正在向多元化的方向发展,欧亚对抗的局面正在逐步形成,呈现出波澜壮阔、五彩斑斓的局面。

(二)中国羽毛球运动发展概况

现代羽毛球运动在1920年传入到我国,最早在上海、广州、天津、北京等城市的教会组织中的青年会和大学、中学里开展。新中国成立之前,由于参加羽毛球运动的人数比较少,中国国内的局面也不是很稳定,因而,并没有举办过重大的羽毛球比赛,所以这一时期我国羽毛球水平很低,很少有人参与。新中国成立后,党和政府高度重视发展体育运动,羽毛球运动在我国逐步发展并涌现出一代又一代的优秀运动员。中国羽毛球的发展经历了以下几个阶段。

1.20世纪50年代:学习起步阶段

在20世纪50年代初期,羽毛球运动首先在全国各大城市中推广普及。在周恩来总理和贺龙副总理的亲自关怀下,羽毛球运动在我国从无到有,脚踏实地地发展起来。

1954年,以王文教、陈福寿为代表的第一批印尼华侨回国,带来了羽毛球运动的战术,这为我国选拔培养优秀运动员奠定了基础,我国羽毛球运动的发展得到初步建设。1956年,我国正式成立中国羽毛球协会,这标志着中国羽毛球事业发展走在了正确的轨道上,羽毛球运动在中国迎来了新纪元。成立相关协会后,我国组织了一系列的羽毛球赛事,使羽毛球运动逐渐有了规范的制度。

在1959年的第1届全国运动会上,羽毛球是正式比赛项目之一。此次全运会的羽毛球比赛共有21个省、市代表队参赛,这对羽毛球运动开创与普及有很大的意义。在国内厚积薄发、认真训练的同时,我国羽毛球运动健儿还着眼于世界,着眼于未来,认真学习世界羽毛球先进技战术理论。1956年2月,印尼羽毛球队来华进行友好交流活动,我国羽毛球选手在与印尼选手进行的10场交流赛中全部落败。但是,我国运动员并没有气馁,而是继续努力训练,厚积薄发。1957年4月,中国羽毛球队回访印尼时,也进行了交流比赛,在9场比赛中,中国队获胜7场,情况大为好转。

2.20世纪60年代:赶超世界先进水平阶段

20世纪60年代初期,第二批印尼华侨相继回归,如汤仙虎、侯加昌、陈玉娘等。在国家的关怀与支持下,这些优秀的运动员迅速成为中国羽毛球队的中流砥柱,他们以快速的步伐、灵活的战术、精准的技术成为世界一流的羽毛球运动员。虽然受到政治影响,我国并没有加入世界羽毛球组织,并没有参加国际官方羽毛球赛事,但通过与羽毛球强国的友好交流比赛,表明我国羽毛球健儿的技术水平与世界优秀羽毛球选手的差距并不大。1963年,印尼代表队来华交流,中国羽毛球队取得了6胜4负的成绩,略占上风。1964年印尼再度访华,中国国家队仍以4:1取胜。

1965年、1966年中国羽毛球队与欧洲劲旅丹麦、瑞典做访问比赛,中国队再度取得了胜利。当时全世界并不了解中国,更不了解中国羽毛球队的水平。而中国羽毛球队所展现出的水平让欧洲羽毛球坛感到震惊,西方媒体称中国羽毛球队是"无冕之王"和"真正的世界冠军"。

3. 文革时期:调整、恢复阶段

受到"文化大革命"的影响,使我国体育事业陷入到了停滞的阶段。羽毛球也不例外,原本正处于上升时期的羽毛球队停止训练和比赛,因此水平迅速下滑。20世纪70年代初,中国羽毛球队恢复了训练,也取得了一些小的成绩,但随着第一批优秀球员年龄的增大,能力和体力上都有一定程度的下滑,感到心有余而力不足,而因为动乱的缘故年轻队员没有及时成长起来,他们未能接过老队员的接力棒,呈现出青黄不接的局面,导致中国羽毛球队又陷入到低谷中。在这一时期举办的第四届亚洲羽毛球锦标赛中,中国队以 2∶3 不敌印尼,1978 年第八届亚运会上又以 1∶4 的比分再度输给印尼。

文革结束后,党和人民痛定思痛,为了复兴我国的羽毛球事业,迅速让我国羽毛球水平重回世界顶尖行列,在 1978 年国家体委、羽毛球协会联合召开的第二次全国羽毛球训练工作会议中总结了经验教训,重新强调了我国羽毛球运动要树立自己的技术风格和指导思想,制定了赶超世界羽毛球先进水平的规划部署和具体措施,这使得我国羽毛球运动焕发了生机,获得了涅槃重生。

4.20 世纪 70 年代末—21 世纪初:鼎盛时代

根据国家提出的的奋斗目标,全国羽毛球健儿怀揣着复兴我国羽毛球水平的梦想,再次投入到刻苦训练之中。大家怀揣同样的梦想去奋斗,积极进取,自强不息,渴望让中国羽毛球队再次成为世界强队。这一时期我国涌现出一批青年才俊,他们迅速成长,成为中国羽毛球队的新一代中坚力量。1979 年在香港举行的中印羽毛球对抗赛上,以韩健、栾劲、孙志安、姚喜明、刘霞、韩爱萍、张爱玲为代表的中国羽毛球新星,向林水镜、纪明发、张鑫源等久经沙场的印尼冠军级别球员发起挑战,中国羽毛球队分别以 6∶3 和 5∶0 获胜。进入 80 年代后期,中国羽毛球队再攀巅峰,在世界大赛中奋勇拼搏,为国家争得了荣誉。

1982 年的第十二届汤姆斯杯比赛是我国首次参赛,中国队发挥出色,顺利挺进决赛。在与老牌劲旅印尼队的决战中,中国队出师不利,以 1∶4 大幅落后,正在大家都认为印尼即将捧杯的时候,顽强的中国队爆发了强大的精神能量,在第二阶段的比赛中实现惊天大逆转,一鼓作气连下四城,最终以 5∶4 反败为胜,夺得汤姆斯杯,实现了复兴羽毛球的梦想。在随后的 1986 年、1988 年、1990 年的三届汤杯中,中国队实现了三连冠。所谓巾帼不让须眉,男队取得丰功伟绩时,中国女队也不甘落后,奋起直追。在1984年吉隆坡举办的尤伯杯赛中,中国女队的健儿们夺下冠军,这也同样开启了一个伟大的时代,在随后的4届尤伯杯中,中国队全部获得了冠军,实现了尤伯杯五连冠的壮举。在80年代和90年代,中国健儿在世界羽毛球锦标赛、羽毛球世界杯和全英公开赛等系列大奖赛上,一共获得了70多次单项冠军。1987年在北京世锦赛和1988年曼谷世界杯赛中,中国羽毛球队展现出强势表现,以秋风扫落叶之势包揽全部冠军。在历史上,20世纪80年代是我国羽毛球发展的顶峰,这一时期的世界羽毛球坛被称为"中国时代",中国羽毛球队打遍世界无敌手,成为世界羽毛球的瞩目焦点。

进入20世纪90年代,由于中国队实力太过强大,因此世界各国都在研究中国队的技战术打法,希望寻找到击败中国队的办法。与此同时,我国经济上的问题导致了羽毛球运动受到了冲击,在训练水平和人才上都遇到了问题。这一时期人才出走,球员的训练水平下滑,这直接导致了中国羽毛球队的整体实力大幅下滑,尤其是男队,危在旦夕。1992年,中国男队在汤姆斯杯、巴塞罗那奥运会等大赛中两手空空,一金未得。女队虽然没落到这种地步,但同样饱含危机。1994年在日本广岛举行的亚运会上,中国队不仅没有获得一枚金牌,甚至没有一人进入决赛。

随之而来的是总结与反思,女双的"黄金搭档"葛菲和顾俊在1996年第26届亚特兰大奥运会上,力夺女双金牌,标志着中国羽毛球走出低谷。2000年第27届悉尼奥运会,中国队获得男单、女单、女双、混双四枚金牌,2004年第28届雅典奥运会上,中国队取得了女单、女双、混双3枚金牌。这一时期,中国北京成功取得了第29届奥运会的主办权的消息极大地鼓舞了全国人民,此时的中国体育事业蓬勃发展,各项目都在为北京奥运会蓄力。这一时期涌现出一大批优秀的选手,单打有林丹、鲍春来、张宁、谢杏芳等,双打有蔡赟/付海峰、杨维/张洁雯、张军/高凌等黄金搭档,在世界大赛中摘金夺银,标志着中国羽毛球运动重回巅峰。

5.2008 年北京奥运会后至今:起伏不定,由盛转衰阶段

2008 年在北京举办的第 29 届奥运会,则是全中国人民的盛会。羽毛球比赛中,国羽健儿发挥出色,林丹、张宁、杜婧/于洋为中国代表团夺得 3 枚金牌。四年后在 2012 年伦敦举办的第 30 届奥运会中,中国羽毛球健儿更进一步,历史上首次完成了包揽奥运会羽毛球金牌的壮举。

进入到 21 世纪后,男子羽坛中世界上其他国家的运动员也有了大幅度的提升与进步,像陶菲克、盖德、郑在成/李龙大、阿山/塞蒂亚万等其他国家运动员也有着强劲的实力,他们同样具备夺得冠军的实力。在 2004—2012 年,中国男队完成了汤姆斯杯五连冠的伟大成绩,但在 2014 年汤杯决赛中输给了日本队,让我国球迷一片哗然。在最近一次 2016 年的汤姆斯杯中,中国队在 1/4 决赛中输给了韩国,止步八强,创造了二十年来最差的战绩。2016 年在里约进行的第 31 届奥运会中,中国羽毛球队靠着谌龙和老将傅海峰的经验发挥,拼下了男单和男双两枚来之不易的金牌。这说明,近年来中国羽毛球队也出现了青黄不接,年轻球员的不稳导致了中国羽毛球队的成绩出现了起伏。

而当今女子羽坛的局面错综复杂,竞争更加激烈。2010 年,中国女队在尤伯杯 6 连冠后输给了韩国,丢掉了尤伯杯,此后虽然连夺 3 届冠军,但其他队的冲击则说明着中国队优势的下降。中国女羽在经历长时间的冠军后出现人才断档,在张宁、谢杏芳退役后,王仪涵、王适娴、李雪芮等人并没有展现出像前辈那样持续的统治力,近年来的发展有了很明显的退步。随着一批运动员的相继退役,中国女单彻底陷入低谷。在 2016 年里约进行的第 31 届奥运会中,女单和女双比赛,在决赛中都没有看到中国队的影子,这也说明了中国羽毛球队确实到了重组的时候。

第二节 羽毛球运动的特点与功能

一、羽毛球运动的特点

（一）不确定性

羽毛球运动具有不确定性的特点。在进行羽毛球运动时,运动员的击球手法和移动步伐是有规律可循的,但是运动员在接球时来球的方向、来球的角度、来球的距离和来球的力量都具有不确定的因素,羽毛球的落点变化无常,因此接球的技术动作具有多变性,一切技战术都是在短期内迅速做出并完成的。针对同一来球不同运动员有不同的处理方法,而且针对对手的技战术特点和水平,不同的回击球对对方的影响也是不同的。

羽毛球的多变和不确定性特征,要求职业运动员必须在极短的时间里,运用交叉步、垫步、跨步、蹬跨步、起跳等各种步法迅速移动到恰当位置,并以发球、前场、中场和后场等技术手法击出高质量的回球给对手。羽毛球运动的这种不确定性特点,决定了速度力量和速度耐力素质是羽毛球运动的基础。

（二）比赛无时限

羽毛球对体能消耗很大,要求运动员具备长时间作战的能力。羽毛球运动要求的素质不是普通的耐力素质,而是一种专门的速度耐力素质。羽毛球运动员应具备一种强度经常变化,速度和灵敏性紧密结合的专门性速度耐力。

羽毛球比赛没有时间限制,采取 3 局 2 胜制,每局中一般先得 21 分为胜者,若打到 20 平时则先领先对方 2 分为胜者。在一些重大赛事中,不论是单打还是双打,如果交战双方实力在伯仲之间,就会出现比分接近,一个球双方反复争夺的局面。有时,一个球打 100 多拍才能决出这 1 分的归属,一场比赛可能持续 2 个多小时,这对双方体能都是极大的考验。

(三)瞬息万变

羽毛球比赛的局面是瞬息万变的。羽毛球在球员的大力抽打中能产生超过 300 千米/小时的时速,这对运动员的反应速度和身体灵敏性提出很高要求。在对抗中,运动员攻防转换的快慢、对来球预判的准确性,都能决定出本次交锋的主动性。每一项技战术的运用与实施,都取决于运动员的判断、反应、启动、移动、起跳、击球和回球,既要在转瞬即逝间判断来球的方向,迅速向来球方向移动击球,又要根据对手的位置迅速决定回击的路线对策。因此,羽毛球运动员只有拥有快速灵敏素质和思维决断能力,才能在快节奏的比赛中取得上峰。

(四)全方位运动

羽毛球属于轻巧型的运动,具有全方位运动的特点。在居民的日常体育锻炼中,一副球拍,一个羽毛球,无论身处何方,无论是在室内室外,不管有没有网子,只要场地平整,风速不大,就可以开始打羽毛球了。

羽毛球在两人之间灵动飘逸,运动者挥舞着轻便的球拍,不时传来阵阵的笑声,这便是充满娱乐和趣味的羽毛球运动。羽毛球运动既是集技巧性、智能性和对抗性为一体的竞技比赛项目,又是强身健体、休闲娱乐、面向大众的体育运动项目。羽毛球运动不受运动者的年龄和身体状况的影响,可满足男女老少、不同运动水平的爱好者的需求。

青少年进行羽毛球运动,能通过反复的奔跑、跳跃来增强身体的协调能力,锻炼反应速度和灵敏素质,这对生长发育是有好处的。在羽毛球的对抗中可以培养青少年不甘落后、永不放弃的品质,从小形成良好的锻炼习惯,还能为将来的学习和工作打下良好基础。

青年人进行羽毛球运动,在强身健体的基础上能进一步培养兴趣,形成健康的生活方式和终身体育的意识。在繁忙的学习之余走到操场上打打羽毛球,既能活动活动身体,促进身体健康成长,又能摆脱学习上、感情上等精神层面的压力,从而消除不良情绪,提高体能和心理品质,促进智力发展。

成年人在业余时间进行羽毛球运动,可以加快机体的新陈代谢,保持正常体型,可以缓解工作造成的疲劳感,提高工作效率。羽毛球也可以作为一种家庭化的娱乐活动,它能号召全家人参与进来,让一家人和谐美满,关系融洽,身心舒畅。

老年人和身体虚弱者在羽毛球锻炼时可以降低强度,进行小幅度的击球,达到伸展身体,活动筋骨的目的。经常参加羽毛球运动对促进血液循环是很有帮助的,长期锻炼能保持大脑、眼睛、肢体的协调性和敏捷性,从而有利于延年益寿。

二、羽毛球运动的功能

(一)健身功能

羽毛球运动可以全面增强人的体质。前场、后场的快速移动,中场的起跳扣杀、跨步救球,网前的轻吊,双打时的配合换位等,都需要击球者有较好的力量、速度、灵敏性和柔韧性等素质。熟悉和掌握各种技术的过程,就是提高身体素质的过程。根据有关技术统计资料分析,一场高水平的、激烈的、打完全场的羽毛球比赛需耗时 1~2 小时,运动员在 35 平方米的场地上,做 500 次左右的前、后、左、右不断变向的移动。因此,经常从事此项运动可以发展人体的灵活性、协调性,可以提高人的上下肢及躯干的活动能力,改善呼吸系统和心血管系统的功能。

(二)健心功能

在羽毛球的对抗中,对战双方要经历进攻与防守,控制与反控制,不仅要发挥身体力量,更要动脑子。要知道,激烈的争夺对心理素质也是一种锤炼和考验。在比赛中,运动员需要猜测对手的战术意图,捕捉各种能让自己占据上峰的机会,根据对方的技战术特点灵活把握。因此,经常从事羽毛球活动可使人思维敏捷、机智灵活、沉着果断,使人的智、勇、技在竞争中得到磨炼。

(三)社会经济功能

据相关资料显示,近年来人们在羽毛球用品的消费呈上升趋势。据调查,在某些城市中居民认为应重点发展的体育消费项目中,羽毛球高居榜首。以上数据充分说明羽毛球运动在社会中有着很高的普及度。

随着羽毛球运动不断普及,人们对其各项功能的认识也在进一步深化,羽毛球产业的社会经济功能得到了充分挖掘,促进当地发展更多就业。如一些羽毛球健身俱乐部、羽毛球业余队以及羽毛球培训班的出现,就极大推动了羽毛球产业的发展。

羽毛球运动项目的开发成为某些区域增长 GDP 的重要手段,使它逐渐形成了商品化、市场化、产业化的经济链条。如羽毛球运动服、羽毛球拍、羽毛球场馆,以及相关体育产品的开发,极大地刺激了羽毛球运动的社会化进程,从而逐渐形成了一个产业体系。

(四)社会文化功能

体育运动文化的功能指的是其本身的各要素在与外部环境的联系中所表现出来的作用和能力,其功能的发挥是体育文化的主体展示自己主体性的过程。羽毛球运动的文化功能可以理解为社会中大家认识、利用羽毛球资源,在其中所创造和获得的成就总和,包括物质方面、精神方面和社会行为制度等方面。主要有羽毛球场馆、羽毛球服装、羽毛球赛事文化等。

羽毛球文化具有社会化的特点,它集中了羽毛球参与者的智慧,不仅满足了群众在文化方面的身体和精神需求,同时也使大家感受到了羽毛球文化的真正内涵,使人们在运动中得到升华,从而领悟到为人处世的道理,提升了人文的素质。

第三节　羽毛球运动基本常识

一、羽毛球运动场地

（一）场地

羽毛球场是一个长方形的场地,总长度为 13.40 米,在宽度上单打与双打有着不同的要求,单打场地宽为 5.18 米,双打场地宽为 6.10 米。羽毛球场地中各边线的宽度（粗细）为 4 厘米,衡量球是否出界要按照场地线条的外沿算起。球场的线条最好用白色、黄色或容易与地板区分的颜色画出。羽毛球场地要求如图1-1 所示。

（二）球网

羽毛球网长度与双打场地宽度相同,即 6.10 米,其高度为0.76 米,用白布镶边。球网的高度不是一致的,在正中央的高为1.52 米,在两边最远处的高度为 1.55 米。按羽毛球国际规则的规定,整个球场上方最低的高度为 9 米,在这个高度以内,不得有任何遮挡物,球场四周 2 米以内,也不得设有任何障碍物。所以在一座体育馆内两个并列的羽毛球场间最少应有 2 米的距离。在球场四周的墙壁建议为深色,场内不要有风。

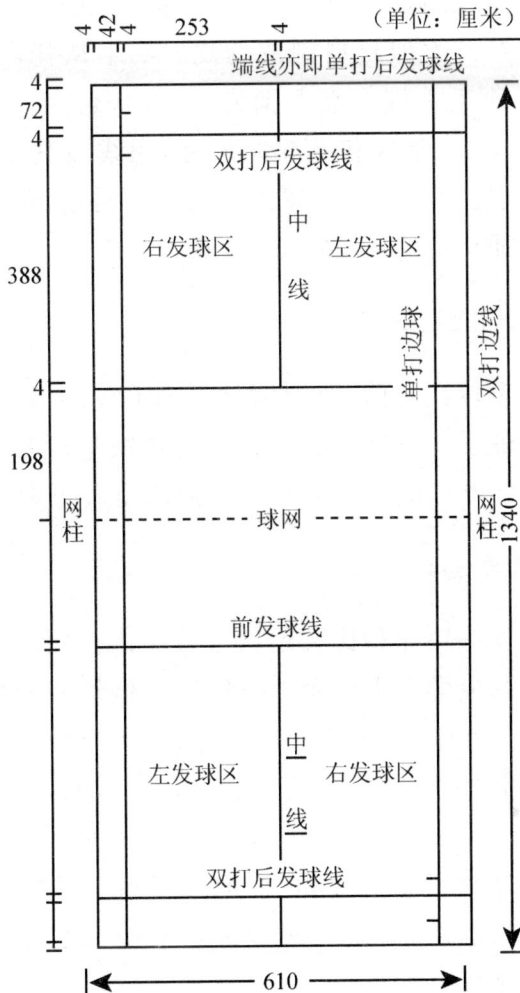

图 1-1

（单位：厘米）

二、羽毛球运动装备

（一）羽毛球

1. 羽毛球的样式规格

现在市面上有不同材质的羽毛球，羽毛球一般是天然材料和人造材料混合制成的。羽毛球是用 16 根羽毛插在半球形的软木球托上。软木球托的直径为 25～28 毫米,托底呈圆形,表面具有一层白色薄皮革或类似材料制成的皮。羽毛从托面至羽毛尖长 62～70 毫米。羽毛上端由羽毛围成一个圆形,直径为 58～68 毫米。在球托上 1.25 厘米和 2.5 厘米处,用线或其他材料将羽毛捆绑扎牢。一般比赛中,羽毛球的球头也可是泡沫制成的或尼龙制成的。球的质量应为 4.74～5.50 克。

2. 羽毛球的飞行速度

一般在羽毛球比赛前,要测试一下羽毛球的飞行速度。当运动员从端线用低手充分向前上方击球与边线平行时,球能落到另一端线线内 53～99 厘米之间,就表明此球有着正常的飞行速度。

3. 羽毛球的选择

羽毛球有训练用球和比赛用球之分。比赛用球比较高级,一般都是用鹅毛制成的。训练用球一般是中低级档的球,大部分是用鸭毛制成的。在室内,因为没有风,选择不受限制,两种用球都可以使用;在室外由于受到天气、环境等影响,主要选择训练用球。

我国羽毛球产业发展蓬勃,羽毛球用品的品牌甚多,既有国外品牌也有国内品牌,对于一般爱好者来说其实影响不大,练习者可根据自身条件自由选择。

(二)羽毛球球拍

球拍总长度不超过 68 厘米,宽不超过 23 厘米,球拍的边框为椭圆形,拍弦面长不超过 28 厘米,宽不超过 22 厘米。球拍不能有任何附加的东西,中间的弦也不能有突出部分。球拍在穿弦之前的质量要在 78～120 克之间。拍框中的弦一般是用羊肠线或化纤尼龙线穿织而成。球拍的另一端有握把,长 39.5～40 厘米,横截面积中最宽处不得超过 2.8 厘米。

要想从事羽毛球运动,首先要为自己选一个合适的球拍。羽毛球的球拍对于练习者很重要,就好比士兵手中的枪。对于羽毛球爱好者来说,好的羽毛球拍要具备弹性好、轻重适宜的特点。目前市场上,一般上好弦的球拍都是中低档的产品,质量很差,出现上弦不紧的情况,致使球拍的弹性也较差,影响球的飞行速度和远度。因此羽毛球爱好者要学会自己选拍、上拍弦,以及修补断弦。

下面告诉大家如何选拍、选拍弦。

1. 球拍的选择

目前,体育用品市场上销售的羽毛球拍样式繁多,可归纳为四种类型。

第一种是全碳素外加钛、纳米成分一体成型羽毛球拍。这种球拍一般都是由职业选手所采用,由于价格比较昂贵,一般有一定经济条件的业余爱好者也会选用。

第二种是中档的碳素杆,拍框为铝合金。

第三种是钢杆铝合金拍,为中低档球拍。

第四种是钢杆木框羽毛球拍和木制羽毛球拍。这类的球拍用的人已经很少了。

在挑选球拍时,要根据个人手感和经济条件去选择不同档次的球拍,不必追求品牌。一般来讲,全碳素外加钛、纳米成分一体成型的羽毛球拍,对于一般爱好者来说性能差距都不大,都具有轻便、弹性好的特点,也很牢固,但是价格段位的差距很大。有一定技术水准的爱好者或业余选手可以结合个人打法买更加专业的拍子,如攻击型打法,可以选择更重一些的拍子,这样能增加扣球的威力;如果是防守型打法,可以选择更轻便的拍子,有利于防守。

选球拍时还要注意拍子的弹性,主要看拍杆用手摇晃时是否有一点儿弯度,没有任何弯度的拍子说明性能不好,不建议选择。一些低档球拍,如碳素杆加铝合金框,其连接处容易出现断裂或开胶。因此,购买球拍时要仔细检查球拍,将球拍框轻微扭动一下,有松动感或声响的不建议选用。

2.球弦的选购

羽毛球拍弦也有很多的种类,主要有化纤弦、尼龙弦、羊肠弦、牛筋弦,都能在体育用品市场上买到。化纤弦是高档弦,一般职业球员都采用这类的弦;羊肠弦属北京产的,弹性好,但容易被打断;尼龙弦是低档弦,其弹性一般,易随气候变化而热胀冷缩,但价格相对便宜一些;牛筋弦也属于低档弦,不容易被打断但弹性很低。

第四节 羽毛球运动组织机构与大型赛事

一、羽毛球运动最高组织——国际羽联

1934年,由英格兰、法国、爱尔兰、苏格兰、荷兰、加拿大、丹麦、新西兰和威尔士,一共9个羽毛球协会经过商讨,成立了国际羽毛球联合会,简称国际羽联。国际羽联成立后总部设在伦敦,第一任主席是英国的乔治·汤姆斯。国际羽联的成立对羽毛球技战术的发展起了促进作用,在1948年设立了世界男子团体锦标赛,即汤姆斯杯;1956年设立了世界女子团体锦标赛,即尤伯杯。相应的,单项赛事也继续进行,即世界羽毛球锦标赛、世界杯赛等。国际羽联的成立是羽毛球运动文明向前迈进的一大步。由于政治原因,中国在一开始并没有加入国际羽联,这就失去了参加国际比赛的机会,没能真正得到展现自身实力的舞台。

1978年,香港成立了世界羽毛球联合会,简称世界羽联。该协会先后组织举办了两届世界羽毛球锦标赛,中国队取得了8项冠军。为了推动世界羽毛球运动的团结与繁荣,许多国家经过长时间的努力,在1981年,老的国际羽联和世界羽联正式合并,组合成新的国际羽毛球联合会,简称依旧是国际羽联。国际羽联的

全新组合使得世界羽毛球运动呈现出崭新面貌,出现了欣欣向荣、生机勃勃的景象。截止到2011年,国际羽联已有147个国家和地区加入,羽毛球也在1992年正式加入奥运大家庭,成为奥运会的正式比赛项目,羽毛球运动的发展前途光明而美好。

二、国际重大羽毛球赛事

(一)苏迪曼杯

为纪念印尼羽毛球联合会的时任主席苏迪曼先生,表彰其对羽毛球事业发展做出的贡献,国际羽联将世界羽毛球混合团体赛奖杯命名为"苏迪曼杯"。苏迪曼杯的奖杯是由印尼羽毛球协会代表本国人民向国际羽联赠送的。苏迪曼杯每两年举行一届,在单数年举办。在苏迪曼举办的前八届比赛中,于当时两年一届的世界羽毛球锦标赛后同地举行。从2005年第九届苏迪曼杯开始,苏迪曼杯赛与世锦赛分道扬镳,在不同时间和地点举办。苏迪曼杯的独特之处在于它是混合团体比赛,是检验各国和地区羽毛球运动整体水平的赛事。

苏迪曼杯是一个镀金的纯银奖杯,由印尼万隆工学院学生鲁斯南迪雕刻。奖杯是一个羽毛球造型,在基座上雕刻了举世闻名的古迹婆罗浮屠佛塔的造型,整个奖杯高80厘米。

苏迪曼杯羽毛球赛按各个国家和地区球队的实力分为A～G 7个级别,但只有参加A级比赛的6支队有资格争夺冠军。从2005年第九届苏迪曼杯开始,参加苏迪曼杯赛最高级别A级比赛增加为8支队伍。从2011年第十二届苏迪曼杯开始,参加苏迪曼杯最高级别A级比赛增加为12支队伍。

苏迪曼杯羽毛球赛采取5局3胜制,5局分别设男、女单打,男、女双打和混合双打5项比赛。苏迪曼杯的比赛顺序一般为混合双打、男子单打、男子双打、女子单打和女子双打。自1989年首届苏迪曼杯比赛在印尼举行以来,至今共举行了14届,中国队是苏杯的绝对王者,一共夺得了 10 次冠军。

历届苏迪曼杯成绩,如表 1-1 所示。

表 1-1　历届苏迪曼杯成绩

届数	时间	地点	冠军	亚军	季军
1	1989 年	雅加达(印尼)	印尼	韩国	中国、丹麦
2	1991 年	哥本哈根(丹麦)	韩国	印尼	中国、丹麦
3	1993 年	伯明顿(英格兰)	韩国	印尼	中国、丹麦
4	1995 年	洛桑(瑞士)	中国	印尼	韩国、丹麦
5	1997 年	斯克斯哥(英格兰)	中国	韩国	印尼、丹麦
6	1999 年	哥本哈根(丹麦)	中国	丹麦	韩国、印尼
7	2001 年	塞维利亚(西班牙)	中国	印尼	韩国、丹麦
8	2003 年	埃因霍温(荷兰)	韩国	中国	印尼、丹麦
9	2005 年	北京(中国)	中国	印尼	韩国、丹麦
10	2007 年	格拉斯哥(苏格兰)	中国	印尼	韩国、英格兰
11	2009 年	广州(中国)	中国	韩国	印尼、马来西亚
12	2011 年	青岛(中国)	中国	丹麦	韩国、印尼
13	2013 年	吉隆坡(马来西亚)	中国	韩国	丹麦、泰国
14	2015 年	东莞(中国)	中国	日本	印尼、韩国
15	2017 年	黄金海岸(澳大利亚)			

(二)汤姆斯杯

1939 年,国际羽联召开理事会,时任国际羽联主席的乔治·汤姆斯指出,组织世界范围羽毛球团体比赛的时机已经成熟。本次会议决定举办世界男子羽毛球团体赛,国际羽联主席汤姆斯先生捐赠出一座奖杯,将此杯命名为"汤姆斯杯"。

汤姆斯杯高 28 厘米,把手的最宽距离为 18 厘米,由底座、杯形和盖三部分构成,在盖的最上端有一个运动员的模型。此杯的前部雕刻有这样的词句:"乔治·汤姆斯·巴尔特于 1939 年赠送国际羽毛球联合会组织的国际羽毛球冠军挑战杯"。据说此杯在伦敦用白金铸成,当时价值 5 万英镑。

汤姆斯杯最开始是 3 年一届,从 1984 年起改为 2 年一届。比赛分为小组赛、半决赛和决赛三个阶段。在预选赛中出线的 6 支队伍加上东道主和卫冕冠军,一共 8 支队伍进入汤姆斯杯小组赛的角逐。若东道主也是上届冠军,那么在半决赛中要出 7 个队进入决赛。8 支决赛队伍分成两个组比赛,每组中赢得越多的队排名越靠前。如果获胜次数相同,以赢得的总场数多排在前头。小组赛中必须要打满所有比赛,如果场数、局数仍然一样,就要采取抽签的方式定排名。

所有参赛队伍要在赛前两周内选出 4 到 10 名运动员,按照当时的世界排名,列出第一单打、第二单打、第三单打、第一双打、第二双打及替补的运动员名单。每名运动员最多只能参加一场单打和一场双打比赛。绝对不允许世界排名靠前的运动员既参加第一单(双)打又参加第二单(双)打。

汤姆斯杯一开始采用 9 场 5 胜制,即 5 场单打,4 场双打,打完整个比赛需要两天的时间。1984 年后比赛办法改为 5 场 3 胜制,即 3 场单打,2 场双打,在一天之内就能完赛。比赛排序方法一共有 6 种,这是为了既参加单打又参加双打的运动员要至少有 30 分钟以上的休息时间。

自 1949 年第一届汤姆斯杯在苏格兰举办至 2016 年 29 届以来,印尼队共 13 次夺冠,中国队 9 次夺冠。历届汤姆斯杯成绩,见表 1-2。

表 1-2 历届汤姆斯杯成绩表

届数	时间	地点	冠军
1	1949 年	苏格兰普雷斯顿	马来西亚
2	1952 年	新加坡	马来西亚
3	1955 年	新加坡	马来西亚
4	1958 年	新加坡	印尼
5	1961 年	印尼雅加达	印尼

续表

届数	时间	地点	冠军
6	1964 年	日本东京	印尼
7	1967 年	印尼雅加达	马来西亚
8	1970 年	马来西亚吉隆坡	印尼
9	1973 年	印尼雅加达	印尼
10	1976 年	泰国曼谷	印尼
11	1979 年	印尼雅加达	印尼
12	1982 年	英国伦敦	中国
13	1984 年	马来西亚吉隆坡	印尼
14	1986 年	印尼雅加达	中国
15	1988 年	马来西亚吉隆坡	中国
16	1990 年	日本东京	中国
17	1992 年	马来西亚吉隆坡	马来西亚
18	1994 年	印尼雅加达	印尼
19	1996 年	中国香港	印尼
20	1998 年	中国香港	印尼
21	2000 年	马来西亚吉隆坡	印尼
22	2002 年	中国广州	印尼
23	2004 年	印度尼西亚	中国
24	2006 年	日本东京	中国
25	2008 年	印尼雅加达	中国
26	2010 年	马来西亚吉隆坡	中国
27	2012 年	中国武汉	中国
28	2014 年	印度新德里	日本
29	2016 年	中国昆山	丹麦
30	2018 年	澳大利亚黄金海岸	

（三）尤伯杯

尤伯杯赛与汤姆斯杯对应，也就是世界女子团体羽毛球锦标赛。尤伯杯是由英国著名羽毛球运动员尤伯夫人所赠。此杯高18厘米,有地球仪样的体部,在球体顶部有一羽毛球样模型,此模型的上端站着一名握着球拍的女运动员。杯的底座周围雕刻着这样的词句:"尤伯夫人于1956年赠送国际羽毛球联合会组织的国际女子羽毛球冠军挑战杯。"

尤伯杯赛制完全参考了汤姆斯杯,在1982年以前3年一届,比赛采用七场四胜制。自1984年开始,改为2年一届,采用五场三胜制。

历届尤伯杯赛成绩见表1-3。

表1-3 历届尤伯杯成绩表

届数	时间	地点	冠军
1	1957年	英国圣安尼斯	美国
2	1960年	美国费城	美国
3	1963年	美国威尔明顿	美国
4	1966年	新西兰惠灵顿	日本
5	1969年	日本东京	日本
6	1972年	日本东京	日本
7	1975年	印尼雅加达	印尼
8	1978年	新西兰奥克兰	日本
9	1981年	日本东京	日本
10	1984年	马来西亚吉隆坡	中国
11	1986年	印尼雅加达	中国
12	1988年	马来西亚吉隆坡	中国
13	1990年	日本东京	中国
14	1992年	马来西亚吉隆坡	中国
15	1994年	印尼雅加达	印尼
16	1996年	中国香港	印尼
17	1998年	中国香港	中国
18	2000年	马来西亚吉隆坡	中国

届数	时间	地点	冠军
19	2002 年	中国广州	中国
20	2004 年	印尼雅加达	中国
21	2006 年	日本东京	中国
22	2008 年	印尼雅加达	中国
23	2010 年	马来西亚吉隆坡	韩国
24	2012 年	中国武汉	中国
25	2014 年	印度新德里	中国
26	2016 年	中国昆山	中国
27	2018 年	澳大利亚黄金海岸	

(四)世界羽毛球锦标赛

世界羽毛球锦标赛是国际羽联在汤姆斯杯和尤伯杯之后,为了适应世界羽毛球运动日益发展的需要而组织开展的一项以专项赛事为特点的羽毛球世界大赛。世界羽毛球锦标赛设有男、女单打,男、女双打和混双 5 个比赛项目,自 1977 年开始每 3 年举行一届,1983 年起改为每 2 年举行一届,在奇数年举行,2005 年起改为除奥运年以外每年都举办,即 4 年 3 赛。

历届世界羽毛球锦标赛冠军,见表 1-4。

表 1-4 历届世界羽毛球锦标赛冠军

届数	时间	地点	男单	女单	男双	女双	混双
1	1977 年	马尔默(瑞典)	戴尔夫斯(丹麦)	科彭(丹麦)	梁春生/洪跃龙(印尼)	梅野尾悦子/小野惠美子(日本)	斯科夫戈尔/科彭(丹麦)
2	1980 年	雅加达(印尼)	梁海量(印尼)	维拉华蒂(印尼)	张鑫源/纪明发(印尼)	佩里/韦伯斯特(英国)	纪明发/黄祖金(印尼)

续表

届数	时间	地点	男单	女单	男双	女双	混双
3	1983 年	哥本哈根（丹麦）	苏吉亚托（印尼）	李玲蔚（中国）	弗伯德伯格/黑勒迪厄（丹麦）	林瑛/吴迪西（中国）	基尔斯特伦/佩里（瑞典/英国）
4	1985 年	卡尔加里（加拿大）	韩健（中国）	韩爱平（中国）	朴柱奉/金文秀（韩国）	韩爱平/李玲蔚（中国）	朴柱奉/柳尚希（韩国）
5	1987 年	北京（中国）	杨阳（中国）	李玲蔚（中国）	李永波/田秉毅（中国）	林瑛/关渭贞（中国）	王朋仁/史方静（中国）
6	1989 年	雅加达（印尼）	杨阳（中国）	李玲蔚（中国）	李永波/田秉毅（中国）	林瑛/关渭贞（中国）	朴柱奉/郑明熙（韩国）
7	1991 年	哥本哈根（丹麦）	赵剑华（中国）	唐九红（中国）	朴柱奉/金文秀（韩国）	关渭贞/农群华（中国）	朴柱奉/郑明熙（韩国）
8	1993 年	伯明翰（英国）	佐戈（印尼）	王莲香（印尼）	郭宏源/苏巴吉亚（印尼）	周雷/农群华（中国）	伦德/本特松（丹麦/瑞典）
9	1995 年	洛桑（瑞士）	阿尔比（印尼）	叶钊颖（中国）	迈纳基/苏巴吉亚（印尼）	吉永雅/张惠玉（韩国）	伦德/托姆森（丹麦）
10	1997 年	格拉斯哥（英国）	拉斯姆森（丹麦）	叶钊颖（中国）	陈甲亮/西吉特（印尼）	葛菲/顾俊（中国）	刘永/葛菲（中国）

续表

届数	时间	地点	男单	女单	男双	女双	混双
11	1999 年	哥本哈根 （丹麦）	孙俊 （中国）	马丁 （丹麦）	金东文/ 河泰权 （韩国）	葛菲/ 顾俊 （中国）	金东文/ 罗景民 （韩国）
12	2001 年	塞维利亚 （西班牙）	叶诚万 （印尼）	龚睿那 （中国）	吴俊明/ 哈林 （印尼）	高崚/ 黄穗 （中国）	张军/ 高崚 （中国）
13	2003 年	伯明翰 （英国）	夏煊泽 （中国）	张宁 （中国）	帕斯克/ 拉斯姆森 （丹麦）	高崚/黄穗 （中国）	金东文/ 罗景民 （韩国）
14	2005 年	阿纳海姆 （美国）	陶菲克 （印尼）	谢杏芳 （中国）	吴俊明/ 白国豪 （美国）	杨维/ 张洁雯 （中国）	维迪安托/ 纳西尔 （印尼）
15	2006 年	马德里 （西班牙）	林丹 （中国）	谢杏芳 （中国）	蔡赟/ 傅海峰 （中国）	高崚/ 黄穗 （中国）	罗布森/ 埃姆斯 （英国）
16	2007 年	马德里 （西班牙）	林丹 （中国）	谢杏芳 （中国）	马基斯/ 亨德拉 （印尼）	高崚/ 黄穗 （中国）	罗布森/ 埃姆斯 （英国）
17	2009 年	海德拉巴 （印度）	林丹 （中国）	卢兰 （中国）	蔡赟/ 傅海峰 （中国）	张亚雯/ 赵婷婷 （中国）	雷伯恩/ 莱特 （丹麦）
18	2010 年	巴黎 （法国）	陈金 （中国）	王琳 （中国）	蔡赟/ 傅海峰 （中国）	于洋/ 杜婧 （中国）	马晋/ 郑波 （中国）
19	2011 年	伦敦 （英国）	林丹 （中国）	王仪涵 （中国）	蔡赟/ 傅海峰 （中国）	于洋/ 王晓理 （中国）	张楠/ 赵芸蕾 （中国）

届数	时间	地点	男单	女单	男双	女双	混双
20	2013 年	广州（中国）	林丹（中国）	因达农（泰国）	阿赫桑/亨德拉（印尼）	于洋/王晓理（中国）	艾哈迈德/纳西尔（印尼）
21	2014 年	哥本哈根（丹麦）	谌龙（中国）	马林（西班牙）	高成炫/申白喆（韩国）	田卿/赵芸蕾（中国）	张楠/赵芸蕾（中国）
22	2015 年	雅加达（印尼）	谌龙（中国）	马林（西班牙）	阿山/塞提亚万（印尼）	田卿/赵云蕾（中国）	张楠/赵云蕾（中国）

（五）奥运会羽毛球比赛

众所周知，奥运会是世界最大的综合性体育赛事。国际羽联与国际奥委会展开了积极的交流，在 1970 年就展开了羽毛球进奥运会的相关工作。经过长期的努力，在 1985 年 6 月 5 日，国际奥委会第 90 次会议上确定了羽毛球正式加入奥运会比赛项目。

在 1988 年汉城奥运会上，羽毛球作为表现项目第一次出现在奥运会赛场上。在 1992 年的巴塞罗那奥运会中，羽毛球终于成为正式比赛项目，设有男单、女单、男双和女双这 4 个项目。在 1996 年亚特兰大奥运会上，增设了混双项目，使得奥运会的羽毛球比赛项目更为丰富。

羽毛球项目一共决出 5 枚金牌，是奥运会金牌大户，因此成为各个国家争夺的重点。对于像印尼、丹麦这些在奥运会中取得奖牌并不容易的国家来说，羽毛球项目就显得弥足珍贵，是他们夺得金牌的希望。奥运会羽毛球比赛不仅体现出世界羽毛球的顶尖水准，而且更具象征意义。

历届奥运会冠军如表 1-5 所示。

表 1-5　历届奥运会羽毛球比赛冠军表

届数	时间	地点	男单	女单	男双	女双	混双
25	1992 年	巴塞罗那（西班牙）	魏仁芳（印尼）	王莲香（印尼）	朴柱奉/金文秀（韩国）	郑素英/黄惠英（韩国）	
26	1996 年	亚特兰大（美国）	拉尔森（丹麦）	方珠贤（韩国）	苏巴吉亚/迈纳基（印尼）	葛菲/顾俊（中国）	金东文/吉永雅（韩国）
27	2000 年	悉尼（澳大利亚）	吉新鹏（中国）	龚智超（中国）	吴俊明/陈甲亮（印尼）	葛菲/顾俊（中国）	张军/高崚（中国）
28	2004 年	雅典（希腊）	陶菲克（印尼）	张宁（中国）	金东文/何泰权（韩国）	杨维/张洁雯（中国）	张军/高崚（中国）
29	2008 年	北京（中国）	林丹（中国）	张宁（中国）	基多/塞提亚万（印尼）	杜婧/于洋（中国）	李龙大/李孝贞（韩国）
30	2012 年	伦敦（英国）	林丹（中国）	李雪芮（中国）	蔡赟/傅海峰（中国）	田卿/赵云蕾（中国）	张楠/赵芸蕾（中国）
31	2016 年	里约（巴西）	谌龙（中国）	马林（西班牙）	张楠/傅海峰（中国）	松友美佐纪/高桥里华（日本）	阿玛德/纳西尔（印尼）

第二章 羽毛球课程教学的科学理论基础分析

羽毛球运动与很多学科有着一定的联系,如生理学、心理学、营养学等。因此,对羽毛球课程教学进行分析和研究,就必须对这几个学科的理论基础加以剖析。除此之外,羽毛球课程教学还与教育学有着密切的关系。本章就对这几个方面的科学理论基础进行深入分析,从而为羽毛球课程教学的进一步研究奠定坚实的理论基础。

第一节 运动生理学基础

运动生理学是体育科学的基础学科和人体生理学的分支。对于羽毛球运动来说,对运动生理学基础进行分析,对于了解人体在从事羽毛球运动时机体的结构和机能的变化,以及机体运动技能的发展规律等都有积极的帮助作用。除此之外,其对科学的羽毛球运动教学方法的选用和实施都具有非常重要的意义。

一般的,羽毛球课程教学的运动生理学理论主要涉及到新陈代谢、供能系统等方面,具体如下。

一、羽毛球课程教学的新陈代谢基础

羽毛球课程教学的新陈代谢,主要是指人体的物质代谢,具体包括以下几个方面。

(一)糖代谢

对于羽毛球运动者来说,糖是非常重要的能量物质,能够为

羽毛球运动者提供所需要的主要能量。在羽毛球课程教学过程中,人体内糖的代谢过程是由两个方面构成的,一个是糖的合成代谢,一个是糖的分解代谢。

1. 糖的合成代谢

当羽毛球运动者摄取了植物或动物性食物中的糖质之后,这些糖质就会在机体消化酶的作用之下,转变为可以被运动者吸收的葡萄糖分子。这些细小的葡萄糖分子经小肠黏膜的上皮细胞葡萄糖运载蛋白转运进入血液,成为血液中的葡萄糖(即血糖)。血液中的这部分葡萄糖可以合成糖原,成为大分子的糖。另外,肝脏还可以将体内的乳酸、丙氨酸、甘油等非糖质物质合成葡萄糖或糖原,这一过程即为糖的异生作用。机体中,合成糖原和糖异生的过程共同组成了糖的合成代谢。

2. 糖的分解代谢

一般的,可以将糖的分解供能分为两种方式:一种是无氧酵解,一种是有氧氧化。具体来说,当氧供应充足时,来自糖(或脂肪)的有氧氧化;当氧供应不足时,即来自糖的酵解,生成乳酸。乳酸最后在供氧充足时,一部分继续氧化,释放的能量使其余部分再合成为肝糖原。由此可以看出,肌肉收缩能量的最终来源是物质(糖、脂肪)的有氧氧化。

机体的糖储备会在一定程度上影响到机体运动耐久力,从相关的研究中可以得知,糖储备与运动能力是呈正相关的,肌糖原降低与运动性疲劳和运动性损伤的发生也有密切的关系,机体过度消耗糖储备可引起中枢性疲劳,还有可能导致低血糖的产生。

(二)脂代谢

脂肪在人体中也是非常基本且重要的能源物质,能够为羽毛球运动者提供所需的能量。通常,人体是通过动物脂肪和植物油等的摄入来补充脂肪的。进行羽毛球课程教学活动,对机体良好的脂代谢会起到积极的促进作用,对于心血管疾病的防治也有非常良好的效果。

1. 脂肪的合成代谢

在羽毛球课程教学过程中,脂肪代谢的速度是相对较慢的,短时间剧烈的羽毛球课程教学活动会在一定程度上抑制脂肪的分解,而长时间的羽毛球课程教学活动后期,运动者所需要的能量主要来自于脂肪酸氧化供能。

羽毛球课程教学活动会在一定程度上影响到脂肪代谢,具体来说,主要表现在三个方面:一方面,能够使机体氧化利用脂肪酸供能的能力得到有效的提高;一方面,能够使血脂异常的问题得到有效的改善;还有一方面,能够使体脂积累有所减少。

2. 脂肪的分解代谢

作为一种高热能物质,脂肪能够进行分解代谢。脂肪分解代谢产生的能量往往在多种生命活动过程中都得到应用,主要提供机体长时间中低强度运动的热量需求。

人体内贮存的脂肪作为细胞燃料参与供能,只能通过有氧代谢的途径进行分解和释放热量,在人体中,脂肪的分解代谢首先是分解成甘油和脂肪酸,其次是甘油和脂肪酸进一步分解成二碳单位,最后生成二氧化碳和水。脂肪的有氧氧化过程可简单表示如下。

$$脂肪 \xrightarrow{\text{有氧氧化}} ATP + 二氧化碳 + 水$$

(三)蛋白质代谢

蛋白质的代谢,通常包括两个方面的内容,一个是合成代谢,一个是分解代谢。一般的,可以通过对食物中的氮含量和尿中排出的氮量的测定,来将人体蛋白质的代谢状况确定下来。正常情况下,人体蛋白质的代谢状况与组织的生理活动两者是相适应的。正常成年人体内的蛋白质分解与合成处于一种动态平衡状态,具体来说,就是摄入氮与排出氮相等,也就是所谓的氮总平衡。除此之外,还有两种现象:一种是氮的正平衡,另一种是氮的负平衡。

羽毛球课程教学活动对蛋白质代谢产生重要的影响,具体来说,机体在羽毛球课程教学锻炼中,蛋白质可提供一部分能量;羽毛球课程教学活动能够促进骨骼肌蛋白质合成增加——肌肉壮大。

(四)无机盐代谢

无机盐在人体内也有着非常重要的作用,其不仅是构成人体组织的重要物质,还能使人体正常生理活动的维持得到有力保证。通常情况下,钠、钾、铵盐这些单价碱性盐类,被人体吸收得很快;也有一些不容易被人体吸收的,比如,多价碱性盐类。一般来说,不能被人体吸收的主要是能与钙结合而形成沉淀的盐,较为常见的有硫酸盐、磷酸盐和草酸盐等。如3价的铁离子不易被吸收,但是,通过维生素C能够使高价铁离子被还原为2价的亚铁离子,这样,其被吸收的程度就得到了促进。另外,还需要强调的是,钙的吸收需要维生素D的存在,钙盐在酸性环境下溶解得较好,被吸收得较快。

羽毛球课程教学活动与人体的无机盐储存状况有着密切的关系,具体来说,主要表现在两个方面。一方面,无机盐往往是以磷酸盐的形式而存在于人体的骨骼中(如钙、镁、磷元素等),作为结构物质,其他少量的无机盐(如钙、镁)以离子形式存在。人体在参与羽毛球课程教学活动时,会进一步激发和促进机体内部的化学反应,许多矿物质因参与化学反应而消耗,或随着大量出汗排出体外。这时候就需要对这些消耗的物质进行适当的补充,从而保证运动中机体的需求,因为如果这些元素缺乏,就会对人体的运动能力产生一定的影响,同时,还有可能导致一些病症的产生。另一方面,机体内的一部分无机盐在体液中解离为离子,称为电解质,其主要作用在于对渗透压进行适当的调节,以及使酸碱平衡得到有效的维持等。体液中的阳离子和阴离子同时存在，这些物质在人体的细胞代谢活动中具有十分重要的作用。在羽毛球课程教学过程中，这些离子会随着大量出汗而流失，如果电解质流失过多，往往就会导致肌肉无力、心脏节律紊乱、肌肉抽搐、运动能力下降、易疲劳等不良运动状态的产生，对于羽毛球课程教学活动的进一步开展将会产生一定的制约作用。

（五）维生素代谢

维生素在人体中也是不可或缺的重要方面，其能够使人体生长发育和代谢得到有效的维持，人体对维生素的需要量每天仅以毫克或者微克计算，需要强调的是，维生素在人体内是不能合成的，只能够通过摄入食物来达到供给的目的。

由于羽毛球课程教学的运动强度较大，因此，在运动锻炼过程中，机体中物质和能量代谢会加强，从而进一步增加了维生素的消耗量，除此之外，羽毛球运动还能在一定程度上降低胃肠道对维生素的吸收功能，而增加机体对维生素的需要量和供给量。在人体中，大多数维生素都会参与辅酶的组成，因此，如果缺乏维生素，就会影响到酶的催化能力，进而引起机体代谢失调，从而使机体的运动能力有所降低。但是需要强调的是，羽毛球运动者过量摄入维生素，也并不会使运动能力得到提高，因此摄入量要适宜。

（六）水代谢

水是人体中必不可少的重要物质之一，缺少水，人的生命就无法得到维持。保持体内水分代谢平衡能够有效保证机体正常生命活动的维持。水在机体细胞中的存在形式主要有两种：一种是游离水，约占95%，形成细胞内液和细胞外液；另一种是结合水，约占4%～5%。随着细胞的生长和衰老，人体细胞的含水量会逐渐下降。

一般情况下，人体都是通过摄取食物和饮料来补充体内水分的,除此之外,体内物质代谢过程中也能产生一定的水分。人体内不仅要摄入水,还要进行新陈代谢,将一部分水分排出体外,其所借助的形式主要有:尿液、皮肤、肺以及粪便。人体在羽毛球课程教学过程中,体内会产生过多的热量,因此,出汗便成为水分排出及维持体温恒定的主要途径。

水是机体内部进行生物化学反应的场所,人体内的水具有非常重要的作用,比如,能够对体温进行调节、润滑等作用,此外,机体内的水的储存量还在一定程度上受到体内的电解质平衡的影响。一般来说,正常人每天水的摄入和排出处于平衡状态。而在参与羽毛球课程教学时,机体内的水分会随着出汗量的增多而迅速流失,尤其是在高温高湿情况下进行高强度的羽毛球课程教学活动时,人体大量出汗而未及时补水可导致机体形成脱水,从而使运动者的运动能力有所降低,因此,在羽毛球课程教学过程中及时而适量地补水是非常重要且必要的。

二、羽毛球课程教学的供能系统

羽毛球课程教学的供能系统主要有三个,即磷酸原系统、糖酵解系统以及有氧氧化系统。每一个系统都有其各自的特点和作用,具体如下。

(一)磷酸原系统

这一系统,其实就是三磷酸腺苷—磷酸肌酸,简称 ATP-CP。由此可以看出,磷酸原系统是由细胞内的 ATP 和 CP 这两种高能磷化物构成的。这一供能系统的特点较为显著,具体来说,主要表现在三个方面:首先,供能绝对值相对较小;其次,持续时间很短;最后,供能速度快。

在这一供能系统中,ATP 是细胞唯一能直接利用的能源,其能量输出的功率也最高。ATP 主要储存在细胞中,其中以肌细胞最多。ATP 水解的放能反应可以为各种需要能量的生命过程和活动供能,以完成各种生理功能和技术动作。其中,较为典型的有肌肉收缩、生物电活动、物质合成及体温维持等(图 2-1)。

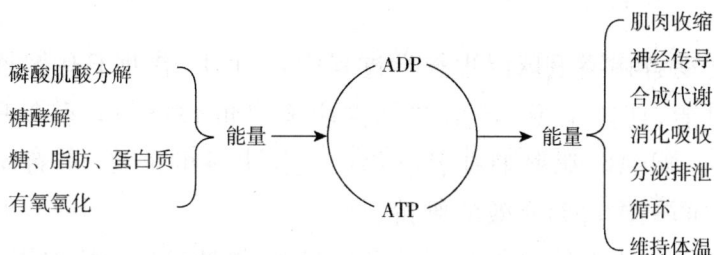

图 2-1

机体在羽毛球课程教学过程中,肌肉内的 ATP 能够通过分解而达到直接供能的效果,储存在肌纤维中的 ATP 在 ATP 酶的催化下迅速分解为二磷酸腺苷(ADP)和无机磷(PI),释放能量,牵拉肌丝滑动,使肌纤维缩短,从而使各种技术动作的完成得到保证。

(二)糖酵解系统

这里所说的糖酵解系统,具体来说,是无氧糖酵解系统,也被称为乳酸能系统。

糖酵解系统的能量产生是靠肌糖原的无氧酵解,最后产生乳酸,而放出的能量被 ADP(二磷酸腺苷)接受,再合成 ATP。可以说,在机体处于缺氧的情况下,糖酵解系统是能量的主要来源。糖酵解能够系统地为人体进行能量供应,从某种程度上来说,糖酵解系统的功能与磷酸原系统一样,能在暂时缺氧的情况下迅速供能。

无氧代谢能力在很大程度上决定着无氧耐力素质的高低。究其原因,主要是由于磷酸原的供能时间短,因此,糖酵解供能是无氧耐力的主要依靠。

糖酵解系统的供能过程是不需要消耗氧的无氧代谢过程,它是人体运动时的无氧代谢供能系统的重要组成部分,本身就具有非常重要的意义,具体来说,主要表现为:在缺氧情况下仍能产生能量,以供运动时体内能量的急需供应。

(三)有氧氧化系统

运动者在羽毛球课程教学过程中,还可以借助于有氧氧化系统来供能,具体来说,就是在氧供应充足的情况下,运动所需的ATP主要由糖、脂肪的有氧氧化来提供大量的能量,从而使肌肉长时间的工作得到有效的维持。

有氧氧化系统供能是指糖和脂肪在供氧充分的情况下,分解成二氧化碳和水,同时产生大量的能量,使ADP再合成ATP。有氧氧化系统生成丰富的ATP,且不生成乳酸这类导致疲劳的副产品。有氧氧化系统是人进行长时间耐力活动的主要耐力系统,羽毛球课程教学对运动者的有氧代谢能力有着较高的要求。有氧代谢能力是耐力素质的基础,与人体心肺功能有着一定的关系。

糖、脂肪和蛋白质都是有氧氧化系统的重要燃料。其中,脂肪可以通过有氧氧化重新合成ATP。其次,当运动者经过长时间大强度的训练,机体糖原消耗殆尽时,蛋白质常用作有氧氧化系统的燃料来重新合成ATP,但蛋白质提供的热量用于肌肉活动的则很少。

运动者在进行羽毛球课程教学的过程中,机体内部磷酸原系统和乳酸能系统都供应能量,但ATP和磷酸肌酸的最终合成以及糖酵解产物乳酸的消除却要通过有氧氧化来实现。因此,糖和脂肪的有氧氧化供能是运动者的肌肉活动所需能量的最终来源。磷酸原系统能在短时间内快速作用,是羽毛球运动者快速击球动作中肌肉运动的主要功能系统,要引起高度重视。

羽毛球课程教学对机体的运动水平有着较高的要求,是一个复杂的运动过程,需要各个供能系统共同完成供能任务,对运动机体而言,每个供能系统都有其独特的特点和供能能力(表2-1)。只有充分、合理地利用好这三大供能系统,才能取得良好的训练效果。

表 2-1　三大供能系统的特点

供能系统	能源物质	输出功率	供能时间
ATP-CP 系统	ATP、CP	最大	最大 6～8 秒
糖酵解系统	肌糖原、血糖	约为 ATP-CP 系统的 50%	30～60 秒达最大，可维持 2～3 分钟
有氧氧化系统	肌糖原、血糖	约为糖酵解系统的 50%	1～2 小时
—	脂肪	约为糖酵解系统的 20%	理论上无限

第二节　运动心理学基础

一、羽毛球课程教学与动机

(一)动机的含义

对一个人进行活动起到积极推动作用的心理动因或内部动力，就是所谓的动机。动机不仅能够引起并维持人的各种思维活动，而且还能将该活动导向一定目标。动机是个体的内在过程，这种内在过程的结果就是行动。

(二)动机的分类

关于动机的分类，方法有很多种，其中，较为常见的主要有以下几种。

1. 以需要的性质为依据进行划分

按照这一标准，可以将动机分为两种。一种是以生物性需要为基础的生物性动机；一种是以社会性需要为基础的社会性动机。而人们参与到羽毛球课程教学活动中的目的则往往在于健身、扩大交际范围。

2. 以兴趣的特点为依据进行划分

按照这一标准,可以将动机分为两种。一种是以直接兴趣为基础,指向活动过程本身的直接动机;一种是以间接兴趣为基础,指向活动的结果的间接动机。一般的,参与到羽毛球课程教学活动的人们,其直接动机往往是挑战自身的潜能;间接动机则主要为战胜对手。

3. 以情感体验为依据进行划分

按照这一标准,可以将动机分为两个方面。一个是以排除缺乏、破坏、避免威胁、逃避危险等需要为特征,以生存和安全为目的的缺乏性动机;一个是以经验享乐,获得满足、寻找新奇,有所成就和创造等欲望为特征的丰富性动机。比如,参与羽毛球课程教学活动的人们的缺乏性动机主要为荣誉和地位、身体健康以及扩大交往等;而丰富性动机则主要涉及获得满足感,得到兴奋、愉快、赏识和威望等。

4. 以动机来源为依据进行划分

按照这一标准,可以将动机分为两个方面。一个是来源于主观内部原因的内部动机;一个是来源于客观外部原因的外部动机。比如,参加羽毛球课程教学活动的内部动机主要为对羽毛球发自内心的喜爱、内心的自尊;外部动机则主要是指获得教师和同学的赞扬、获取奖杯和奖金等。

(三)动机的条件

动机的条件主要有两个方面,一个是内部条件,一个是外部条件。

1. 内部条件

引起动机的内部条件是"需要",具体来说,就是指个体因对某种东西的缺乏而引起的内部紧张状态和不舒服感,它能产生强烈的愿望和推动行为的力量,从而引起人的活动。比如,很多人参与到羽毛球课程教学活动中的主要目的在于获得身心健康,以及扩大人际交往等。

2. 外部条件

引起动机的外部条件就是所谓的"环境",具体来说,就是指个体之外的各种刺激,其中,最为主要的是各种生物性和社会性因素的刺激,这些刺激能够在不同程度上对人产生影响。比如,学生参与羽毛球课程教学活动往往就是为了与一定的舆论环境相适应。

(四)动机的作用

动机具有较为显著的作用,具体可以分为以下三个方面。

1. 始发作用

动机能够将个体的活动引发出来,并且促使个体产生相应的行动。

2. 强化作用

动机可以使个体维持、增加或制止、减弱某一活动。动机的这种"强度"刺激在很大程度上受到一个人激活的程度的影响,换句话说,就是为了达到某一目标个体正在付出多大努力。

3. 指向或选择作用

动机可引起和发动个体活动的方向。"方向"与个体目标的选择有关,换句话说,就是人为什么进行某一活动或要做某事。

二、羽毛球课程教学与运动情绪

所谓的情绪,就是指有机体受到生活环境中的刺激时,其生物需要是否获得满足而产生的暂时性的较剧烈的态度及体验。可以说,日常生活中多见到或者感受到的愉快、悲哀、愤怒、恐惧、忧愁、赞叹等都属于情绪的范畴。

通过羽毛球课程教学活动,能够对脑啡肽的产生起到积极的促进作用,并且对下丘脑产生一定的刺激,进而产生愉快的情绪体验,这是羽毛球运动在调节情绪方面的重要作用。另外,经常从事羽毛球运动锻炼,在运动中享受成功的喜悦,承受挫折的压力,能够使情绪的适应性得到较大程度的提高,同时,对于以更积极的态度迎接生活的挑战,适应各种生活环境也是较为有利的。

针对羽毛球运动中的情绪,为了保证理想的课程教学效果,需要有针对性地采取一定的措施来对其进行适当的调节,具体可采用的方法主要有以下几种。

(一)表情调节

这种调节方法,顾名思义,就是通过改变自己面部姿态的表情来对情绪进行适当调节。情绪状态与外部表情两者之间关系紧密,具体来说,情绪的变化会引起表情的变化,同时,表情的变化也会对情绪状态产生适当的调节,比如,通过手搓面部,可以使面部放松,这对于紧张焦虑情绪的改善有所助益;有意识地微笑,能够使心情沉重、情绪低落的情况得到有效的改善等。由此,不良的情绪往往就能够通过表情的改变而得到改善。

(二)表象调节

这种调节方法,实际上就是通过对表象的调节来达到控制情绪和行为的目的。一般的,对于羽毛球运动员来说,比赛中或者上场前,在脑中清晰地重现自己过去获得成功时的最佳表现,体验当时的身体感觉和情绪状态,对于获胜信心的增强,理想成绩的取得都是非常有利的。表象重现是一种积极的意念,它能够使植物性神经系统活跃起来,进而促进心跳加快,呼吸加强,使新陈代谢过程的血流量加大,糖分解加速,热能供应充足,对全身增力感觉和增力情绪加强产生较为间接的影响。

（三）暗示调节

这种调节方法实际上就是通过适当语言的使用来达到调节情绪的目的。具体来说，可以通过手势、表情或其他暗号来对情绪进行调节。暗示现象在日常生活中有着广泛的作用。

（四）呼吸调节

这种调节方法主要是通过对呼吸的频率、深度和方式的调节来达到有效控制情绪的目的。不同的呼吸对情绪的控制是有所不同的。比如，在情绪较为紧张的时候，往往就会导致呼吸急促，这时候，就需要通过深沉的腹式呼吸，来有效稳定运动员的情绪波动。另外，当情绪较为低沉时，要想有效提高情绪的兴奋性，就可以通过深呼吸来达到这一目的。

（五）活动调节

这种调节方式主要是通过身体活动方式的调节来达到控制情绪的目的。大脑与肌肉的信息是双向传导的，神经兴奋可以从大脑传至肌肉，也可以从肌肉传至大脑。积极的肌肉活动，就会使从肌肉向大脑传递的冲动增多，大脑的兴奋水平就高，情绪就会高涨。反之亦然。总的来说，通过不同速度、强度、幅度、方向和节奏的动作练习，能够对羽毛球运动员临场的情绪状态进行有效的调节和控制。

三、羽毛球课程教学与个性心理

（一）能力

能力具有非常重要的地位和意义，其不仅是顺利完成某种活动必备的心理特征，同时也是个体掌握运动技能、提高运动成绩的基础，具体来说，其主要包括观察力、记忆力、想象力和注意力等几个方面。

人与人之间的能力是存在一定的差异性的,这与人本身特点的不同有着根本上的联系。具体来说,主要表现为能力类型、能力发展水平、能力表现早晚等各个方面的差异。因此,在羽毛球课程教学的实践中,要求运动员一定要以自己的个人能力为主要依据,合理地进行训练,从而使运动技能水平得到有效的提升。

(二)性格

性格是个人对现实的稳定的态度和习惯化的行为方式,是个体个性的一个方面,是一种比较稳定的心理持点,但性格特征有其特殊的表现,具体表现为以下两个方面。

一方面,性格能够将现实世界在人脑中充分的反映出来,一定思想意识和行为习惯也能够从个人对现实的稳固态度和采取某种行为方式上得到有效的表现。

另一方面,性格是一种比较稳定但又可变的倾向,它既是稳定的、一贯的又是可以发生变化的。

(三)气质

人的心理活动的稳定的动力特征,就是所谓的气质。不同气质类型的行为表现也会存在着一定的差异性。对于羽毛球课程教学来说,了解个体的气质类型具有重要意义。从某种程度上来说,气质类型是个体进行运动的心理依据之一。

不同人所具有的气质是有所差别的。比如,有些人精力充沛、生机勃勃;有些人则沉默寡言、比较冷静;有些人思维敏捷、善于适应;还有些人则反应迟钝、不善应变等。因此,这就要求根据不同人的气质来进行针对性的引导,从而使气质与羽毛球课程教学之间形成相互促进的良好关系。

第三节　运动营养学基础

食物中能够维持机体正常生长发育,正常新陈代谢的物质,就是所谓的营养素。机体所需的营养素有五十多种,具体可以分为以下六大类。

一、羽毛球课程教学与糖类

（一）糖类的营养功能

糖是由碳、氢、氧三种元素组成的一类化合物，又称碳水化合物。糖是运动中最重要的能量来源，根据分子结构的繁简，糖分为单糖、双糖和多糖。糖类的营养功能主要包括：第一，其在人体内转化的热能，具有数量多、速度快的特点；第二，糖类对于其他营养素的代谢有积极的促进作用，与蛋白质、脂肪结合成糖蛋白、糖脂，组成抗体、酶、激素、细胞膜、神经组织、核糖核酸等具有重要功能的物质；第三，糖类还具有保肝解毒作用，当肝糖原贮存充足时，肝脏对毒物有很强的解毒作用。

（二）羽毛球课程教学中糖类的消耗与补充

1. 糖类的消耗

通常情况下，羽毛球课程教学活动中，人的新陈代谢速度加快，能量的消耗也要大于不参与羽毛球运动锻炼的人。

糖类消耗的主要特点在于耗氧少、易消化，其主要代谢产物为水和二氧化碳。在羽毛球课程教学过程中，人体内的水和二氧化碳会随时排出，同时，还要不断地及时补充水和氧气。如果糖类消耗过多而不进行及时的补充，就会导致供需脱节，出现供需不平衡的情况，这对于羽毛球课程教学活动的进行是不利的，严重者还会对其身体健康产生不利的影响。

2. 糖类的补充

在课程教学活动的不同阶段，糖类的补充也是有所差别的。这就要求在遵循区别对待的原则的基础上来进行糖类的补充，具体见表 2-2。

表 2-2　羽毛球课程教学过程中补充糖类的方法及要求

	时间	数量	备注
运动前	在大运动负荷前一周或数日内,也可采用在赛前 1~4 小时补糖	大运动量前数日内按 10 克/千克补糖;或在赛前 1~4 小时补糖 1~5 克/小时	应补充低聚糖,主要以果糖和葡萄糖为宜
运动中	每隔 20 分钟补糖一次,少量多次饮用含糖饮料	一般不大于 60 克/小时、1克/分钟	
运动后	理想的是在运动后即刻、运动后 2 小时内以及每隔 1~2 小时连续补糖	0.75~1.0 克/千克体重,24 小时内补糖总量达到 9~16 克/千克体重	开始补糖时间越早,效果越好

二、羽毛球课程教学与蛋白质

（一）蛋白质的营养功能

蛋白质是一切生命的基础,是一种由氨基酸组成的高分子化合物。主要由碳、氢、氧、氮四种元素构成。

蛋白质具有非常重要的营养功能,具体表现为:第一,蛋白质是构成和修补人体组织的主要原料;第二,蛋白质对于人体的代谢、更新非常重要;第三,蛋白质能够起到修补损伤的组织的作用;第四,各种酶和激素能够对体内生化反应起到积极的调节作用,使肌体正常的免疫功能得以维持。

（二）羽毛球课程教学中的蛋白质消耗与补充

1. 蛋白质的消耗

蛋白质过多可使机体代谢率增高,同时也会使水分的需要量增多,因此,这就要求在羽毛球课程教学活动进行之前,一定要保证摄入蛋白质的量要适宜。

在羽毛球课程教学过程中,由于羽毛球运动使器官肥大、酶活性提高、激素调节活跃,就会导致运动者体内蛋白质的分解和合成代谢有所增加,这也就进一步增加了蛋白质的消耗量。

2. 蛋白质的补充

长时间进行羽毛球课程教学活动的人,当食糖和/或能量摄入充足时,每日蛋白质的正常需要量是 1.0～1.8 克/千克体重。随着运动水平的不断提高,机体对蛋白质的需求量也会有一定程度的增加。具体来说,就是要以羽毛球课程教学的时间和负荷量为主要依据,来对蛋白质的摄入量进行适当的调整,使其满足机体对蛋白质的需求。

三、羽毛球课程教学与脂肪

(一)脂肪的营养功能

脂肪是保持健康体魄的必需物质,是人体的"燃料库"。

脂肪具有非常重要的营养功能,主要表现为:第一,脂肪是组成人体细胞的重要成分,有助于脂溶性维生素 A、D、E、K 的吸收,使人体正常的生理功能得到有效的维持;第二,能够起到隔热保温的作用,减少体热的散失;第三,能够使脏器得到有效的保护;第四,能够有效维持人的食欲和饱腹感。

(二)羽毛球课程教学中的脂肪消耗与补充

1. 脂肪的消耗

脂肪是热能的一个重要来源。在羽毛球课程教学过程中,需要进行适量的脂肪补充,这样能够使机体内的糖类无法满足运动对能量的需要的情况得到有效的缓解。因此,在进行羽毛球课程教学时,应相应地加大脂肪的摄入量,尤其是在冬天进行羽毛球课程教学活动时,更是如此。

2.脂肪的补充

如果氧充足,对于长时间的运动来说,脂肪是主要的能源。一般来说,运动强度小于最大耗氧量 55% 时,脂肪酸才能氧化供能。由于羽毛球课程教学活动有着较大的强度,如果进行长时间的运动或者比赛的话,就会对脂肪的供能有一定的依赖性。除此之外,长时间的羽毛球课程教学活动,在脂肪组织中的脂肪酸游离出来参与供能,在运动造成的机体热量负平衡等方面,能起到非常积极的推动作用。

四、羽毛球课程教学与维生素

(一)维生素的营养功能

维生素也称维他命,是一类维持机体健康的必需营养素,维生素由碳、氢、氧等元素所组成。当前,维生素的种类大致有 14 种之多,主要分为两大类,一类是水溶性维生素;一类是脂溶性维生素。每种维生素都有各自不同的特殊功能,缺一不可。人体所需主要维生素的来源和功能见表 2-3。

表 2-3　人体所需主要维生素的来源和功能

维生素	营养功能
A	维持眼底视网膜的正常功能 预防干眼病 促进钙化作用 维持表皮黏膜细胞的功能
B_1	促进发育 预防及治疗脚气病 促进食欲

续表

维生素	营养功能
B₂	促进细胞中的氧化还原作用 维持皮肤、神经系统和细胞的正常功能
C	预防及治疗坏血病 维持牙龈、皮肤和血管的正常功能 增强免疫系统能力 促进荷尔蒙分泌及伤口愈合 促进体内的氧化作用
D	增进钙化 维护骨骼和牙齿的正常机能 增强免疫力
E	预防心血管疾病有显著效果 维持血红蛋白及循环系统的正常功能的抗氧化作用,延缓老化

（二）羽毛球课程教学中的维生素消耗与补充

1. 维生素的消耗

由于羽毛球课程教学活动是较为剧烈的,这就会进一步加剧维生素的缺乏,或者提前消耗大量的维生素,再加上运动者对维生素缺乏的耐受力比正常人差,因此,在进行羽毛球课程教学活动时,要有针对性地进行适当的维生素补充,从而使运动者的耐力素质得到有效的提升。

2. 维生素的补充

维生素缺乏会对羽毛球运动者的耐受力产生不利的影响。进行羽毛球课程教学的运动者对维生素的缺乏情况比一般人的耐受性差。运动负荷、机能状态和营养水平等都会对羽毛球课程教学运动者的维生素需求量产生重要的决定性影响,因此,这就要求以这些为依据对羽毛球运动者进行适当的维生素补充。

五、羽毛球课程教学与矿物质

(一)矿物质的营养功能

人体内的许多生化过程都要依靠矿物质。矿物质也被称为无机盐,主要包括两大类,即常量元素和微量元素。矿物质是机体组织的重要构成成分,能够保持机体内的酸碱平衡,有利于机体内其他营养物质的合成与利用。

人体所需主要矿物质的来源和功能见表 2-4。

表 2-4　人体所需主要矿物质的营养功能

矿物质	营养功能
钙	促进体内钙化 节制心肌伸缩 调节其他矿物质的平衡 帮助血液凝固
铁	防止贫血 增进氧的运输
锌	维持再生器官的正常发育和前列腺的正常功能 加速伤口和骨折的愈合 保持皮肤健康 与角蛋白——一种存在于头发和指甲的物质的形成有关 支持免疫系统
镁	是与能量代谢有关的酶活性所需要的一种重要催化剂 在钙、维生素 C、磷、钠、钾等的代谢上,镁是必需的物质,镁能帮助它们的吸收 在神经肌肉的机能正常运作、血糖转化过程中扮演着重要角色
磷	组成细胞核蛋白质 构成软组织 保持酸碱平衡
硒	硒是天然抗氧化剂,维持组织弹性 支持免疫系统,防止癌症
铜	铜可促进铁的吸收,有助于血红蛋白和血细胞的形成,可保护机体、预防动脉粥样硬化的发生 胶原、某些激素和酶的合成也依赖于铜的水平

（二）羽毛球课程教学中的矿物质消耗与补充

1. 矿物质的消耗

运动状态下,运动者体内的微量元素与矿物质的代谢都会有一些相应的变化发生。对于羽毛球课程教学活动来说,运动者体内矿物质的消耗情况为:尿中钾、磷和氯化钠排出量减少,钙的排出量增加。由此可以看出,运动者对负荷的运动量适应程度,会对其体内矿物质的变动幅度产生直接的影响。

2. 矿物质的补充

鉴于矿物质的消耗情况,需要针对性地进行补充。具体来说,就是要求在羽毛球课程教学活动之后,多食用含矿物质丰富的植物和水果,从而使机体对各种矿物质的需求得到满足。矿物质有着较多的种类,其中,大部分都是机体必需的营养物质,而且它们之间是相互联系、相互影响的,因此,这就要求补充矿物质时应注意各种元素的平衡性。

六、羽毛球课程教学与水

（一）水的营养功能

水是人体最重要的营养素,是人体重要组成部分和不可缺少的营养物质。水是人体数量最多的成分,约占体重的 $50\%\sim60\%$。只有在水的介质中,人体新陈代谢的一切生物化学反应才能够得以进行。

水能够在一定程度上促进体内的一切化学反应,能够转运生命必需的各种物质及排除体内不需要的代谢产物,通过水分蒸发及汗液分泌散发热量达到调节体温的目的,同时,还能够有效润滑关节、呼吸道及胃肠道。泪液能够使眼睛干燥得到预防,唾液对于咽部湿润及吞咽食物较为有利。

（二）羽毛球课程教学中水的消耗与补充

1. 水的消耗

在羽毛球课程教学过程中，对水最大的消耗就是出汗，出汗能够达到有效平衡热量的目的。在参与羽毛球课程教学活动时，出汗量受到很多因素的影响，其中，最主要的有气压、温度、气温、热辐射强度、单位时间运动量及饮食中的含盐量等。

2. 水的补充

在羽毛球课程教学过程中，为了预防失水，可以采取少量多次补充的饮水方法，通常情况下，间隔 15～20 分钟喝 200～300 毫升饮料是最为科学的方式。另外，由于接近血浆渗透压的淡盐水或运动饮料是最好的补液，因此，在进行水分的补充时，最好将水温保持在 8～14℃。开始运动前 10～15 分钟要适量饮水。

另外，可以从表 2-5 中对羽毛球课程教学过程中不同阶段的具体补水方法、要求以及注意事项进行了解。

表 2-5　羽毛球课程教学前、中、后的补水方法与注意事项

	方法	注意事项
运动前	运动前 2 小时可饮用 400～600 毫升含电解质和糖的运动饮料。也可在运动前 15～20 分钟补液 400～700 毫升，要少量多次摄入，每次 100～200 毫升	不能短时间内大量饮液
运动中	补液的总量不超过 800 毫升/小时。运动中补液必须少量多次地进行，可以每隔 15～20 分钟，补液 150～300 毫升	不要饮液过多
运动后	补充含糖 5%～10% 和含钠 30～40 毫克当量的运动饮料	不要用盐片补钠；防止暴饮白水

第四节　教育学基础

一、羽毛球课程教学与道德教育

作为我国学校教育工作的重要内容,道德教育对学校的办学方向和学生的健康成长有着非常重要的影响和作用。《中共中央关于进一步加强和改进学校德育工作的若干意见》中明确指出:要按照不同学科的特点,促进各类学科与课程同德育的有机结合,各门课程的建设应体现社会主义的办学方向和全面发展的办学指导思想。[①]

(一)羽毛球课程教学与道德教育的关系

1. 道德的实现要以羽毛球课程教学为主要途径

对于羽毛球课程教学来说,其主要目的在于增强学生体质,促进身心发展,培养德、智、体全面发展的社会主义建设者。因此可以说,道德教育是羽毛球课程教学的一个重要内容。另外,羽毛球课程教学的教学形式是多种多样的,是通过各种身体练习和活动来进行教学的,而在这一过程中,道德教育渗透在其中的各个方面,这对于理想的教学效果的取得也是非常有利的。

2. 羽毛球课程教学质量的提高与道德教育联系紧密

羽毛球课程教学是道德教育的有效途径,同时,道德教育是提高羽毛球课程教学质量的重要途径。究其原因,主要是由于只有使学生对羽毛球学习的结果产生一定的认识和理解,才能够达

---

① 冯天瑾. 论高校体育教学与道德教育[J]. 湖南农业大学学报(社会科学版·素质教育研究),2007(01).

到使学生积极主动地参与体育课的目的。

（二）道德教育对羽毛球课程教学的影响

（1）道德教育会直接影响到学生的全面发展。通过道德教育的理论与实践相结合的教学方式，能够有效地将学生身心活动、理论与实践、思维与动作统一起来，进而达到强化理想信念教育，使学生的知、学、行的统一性得到进一步增强和深化的目的。这对于使学生的羽毛球运动能力和思想意识等有机统一起来，成为全面的优秀人才是非常有帮助的。

（2）进一步提高对学生综合素质的要求，不仅是当前社会与经济的不断发展以及文化的多元化的要求，同时也是高校教育工作的需要。学生时期是一个学习系统的道德知识，树立理性的道德观念，拓展道德实践空间这样一个关键时期，这一阶段在羽毛球课程教学中渗透道德教育，能够将我国优良的品德传授给学生，使学生对他人、对社会都能做出一定的贡献。

二、羽毛球课程教学与多元智能教学理论

（一）多元智能教学理论概述

多元智能理论是由美国哈佛大学心理学教授霍华德·加德纳博士于1983年提出的。[①] 具体来说，多元智能主要包括八种智能，即语言智能、身体运动智能、空间智能、逻辑—数学智能、人际智能、音乐智能、自我认识智能等。

体育多元智能教学的实施方法有很多，表2-6中将现代化体育教学的智能化及其教学设计和具体实施方法展示出来。

---

① 尚宝增，杨琰，王建华．高校体育多元智能教学的实践与探索[J]．内蒙古体育科技，2013，26(3)．

表 2-6　体育多元智能教学的实施方法[①]

多元智能	教学设计	具体实施方法
语言智能	1. 创造语言学习环境,让学生学会有效的说话 2. 帮助学生在倾听中学习 3. 让学生撰写学习心得	1. 教学中学生互评,锻炼语言表达能力 2. 授课过程中鼓励学生勇于提问 3. 课后撰写心得,培养写作语言能力 4. 在学生与学生、教师与学生的教学形式中,有效的沟通,培养语言交流能力 5. 在角色置换中,以老师的角色在教学实践中培养和发展学生的语言组织能力
逻辑—数学智能	1. 采用不同的提问策略,提出问题让学生解答 2. 要求学生判断他的陈述和观点	1. 技战术教学,让学生发挥想象力,鼓励用开放式思维思考问题并判断正误 2. 运用物理学、生物力学、解剖学等理论知识分析技术动作要领
音乐智能	1. 让音乐成为学习的一部分 2. 通过音乐进行学习 3. 用音乐激发学生的创造力	1. 准备活动采用伴随音乐的活动操,培养学生身体的协调性和节奏感 2. 鼓励学生自选音乐创编活动操 3. 利用角色置换法,带领大家进行活动操
身体运动智能	1. 创造身体的学习环境 2. 通过表演的方式进行教学 3. 通过体育活动促进智能发展	1. 教学中以学生实践为主,增加练习时间 2. 通过效果展示和比赛,让学生展现自我 3. 通过学习街球、球类操等促进智能发展
空间智能	1. 为学生创造视觉化的学习环境 2. 采用多媒体分解技术动作成因	1. 采用直观教学方法,增强学生观察能力 2. 鼓励学生多看体育教学、比赛录像

---

① 尚宝增,杨琰,王建华. 高校体育多元智能教学的实践与探索[J]. 内蒙古体育科技,2013,26(3).

续表

多元智能	教学设计	具体实施方法
人际智能	1. 实现真正的合作学习 2. 在与他人接触中学会成长 3. 学会解决矛盾和冲突	1. 教学中,培养团队精神,集体主义精神 2. 学会处理学生与学生及老师间的关系 3. 培养学生组织能力
自我认识智能	1. 引导学生树立并实现自己的目标 2. 有效的运用各种积极的评价 3. 注重情绪学习,促进学会反思	1. 采用阶段性目标教学,鼓励学生自我树立学习目标,并逐步实现 2. 学会自我评价,发现优势潜能和不足

（二）多元智能教学理论对羽毛球课程教学的影响

在羽毛球课程教学中运用多元智能理论,能够将多元智能理论与羽毛球课程教学有机结合起来并寻找最佳结合点,从而更好地为羽毛球课程教学提供新的理论依据和支持。

具体来说,多元智能教学理论对羽毛球课程教学的影响主要表现在以下几个方面。

第一,多元智能教学模式的教学形式、内容、方法、评价等多元化构成因素,都能够在羽毛球课程教学中得到充分的体现。

第二,在羽毛球课程教学中运用多元智能教学理论,对于学生更加熟练、牢固地掌握羽毛球运动的基本知识和运动技术,以及学生的语言表达能力和思维能力的提高都是有所助益的。

第三,在羽毛球课程教学中运用多元智能教学理论,不仅能够有效避免一些矛盾和弊端的产生,还能够使教学模式与智能培养的特点更加相符,这对学生的全面发展会起到积极的促进作用。

第三章　羽毛球课程教学基本理论研究

体育课程教学是一个科学、系统和严谨的过程,需要科学的理论作指导,羽毛球课程教学也不例外。羽毛球课程教学的开展不仅要遵循体育课程教学的一般规律和理论基础,还要充分与羽毛球运动的基本规律和理论基础相结合,如此才能更加科学地组织和实施羽毛球运动课程教学,才能保证羽毛球课程教学各项活动的开展是有计划、有目的、科学有效的,才能提高羽毛球课程教学质量和收到良好的羽毛球课程教学效果。

第一节　羽毛球课程教学所遵循的原理与原则

一、羽毛球课程教学所遵循的原理

(一)新陈代谢原理

生命得以获得生存,其根本的生理基础就是新陈代谢,由此可见,新陈代谢是一切生命体活动的基本特征。如果新陈代谢过程停止,那么人的生命活动也会随之结束,生命终结。新陈代谢是生命存在和人体运动的重要基础。

新陈代谢包括两大部分,即物质代谢和能量代谢,这两个过程伴随着人体生命活动的始终。物质和能量代谢原理是个体从事运动必须遵循的重要原理之一,是人体参与运动的基础,了解人体运动过程中物质和能量的代谢情况及规律有助于教师在羽毛球课程教学中更加科学地组织学生进行羽毛球实践学练。

在羽毛球课程教学中，教师选择与安排羽毛球技术、战术、体能教学内容与运动训练的时间、负荷等，要充分考虑到不同年龄阶段学生的新陈代谢水平、特点和规律，以便于科学安排，在既能保证完成教学任务的基础上，又能促进学生发展。

（二）机体适应原理

羽毛球课程教学包括理论课教学和实践课教学两大部分，实践课教学占据较大比例。

在羽毛球实践课教学中，学生体能发展、技能提高都需要学生机体参与一定量的运动训练，在羽毛球运动训练过程中，当外界运动负荷刺激作用于学生的有机体时，学生的身体就会产生一定的反应，这种刺激在一定范围内持续一段时间，有机体就会慢慢适应这种刺激，这就是人体的生物适应原理。

羽毛球课程教学中的学生体能、技能训练是一种主观的，有意识、有计划、有目的的身体活动，通过外界运动刺激，学生的有机体发生生理变化，并在运动的过程中汇总，不断加强机体异化作用、同化作用，提高机体的生理机能水平、运动水平，促进机体向更加完善的方向转化，进而实现羽毛球运动体能、技能的发展与提高。

羽毛球课程教学之所以能通过与羽毛球运动相关的体育活动和锻炼对学生的有机体进行生物改造，达到增强体能、增进健康的目的，就是因为有身体机能适应规律的存在。具体来说，羽毛球课程教学中，学生的各项素质（包括羽毛球专项素质）的发展和运动能力的提高就是一个不断"刺激—适应"的过程，在"刺激—反应—适应—再刺激—再反应—再适应"的过程中，学生的适应能力、体能水平、技能水平同步得到发展。

在羽毛球课程教学中，教师应准确把握人体机能适应原理，遵循学生的身体机能适应规律，科学选择教学模式、方法、手段，以促进学生体能的增强、健康水平的提高、动作技能的发展。

（三）超量恢复原理

超量恢复理论是现代羽毛球课程教学的一个非常重要的基础性理论，由埃博登（Embden）和哈勃斯（Habs）在 1927 年提出。

超量恢复，又称"超量代偿"，是有关运动时和运动后休息期间能量物质消耗和恢复过程的学说，它在运动生理、运动生化及运动训练领域具有重要的地位，是指导科学运动训练实践的重要理论学说。超量恢复原理指出，人体在承受了大负荷的运动之后，能量物质恢复不仅能达到原有水平，而且达到原有水平后并没有停止，而是继续补充，在一段时间内的能量物质恢复可超过运动前的水平，比运动前的能量物质储备更多（图 3-1）。

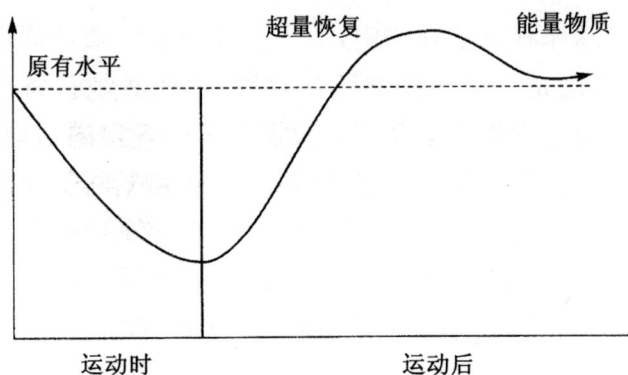

图 3-1

在羽毛球课程教学中，遵循超量恢复原理，其重要意义就在于指导教师和学生科学参与羽毛球实践训练。

在羽毛球实践训练中，教师和学生应明确以下几点。

（1）在身体可承受范围内，运动刺激强度越大，机体消耗量也就越大。

（2）应科学安排相邻两次运动训练的间隔时间，最好是在机体处于超量恢复阶段时对机体再次施加负荷，就会促进学生生理机能水平的不断提高。

（四）应激原理

应激是指个体对于外部强负荷刺激（应激源）会产生一种生

理和心理的综合反应。

根据个体对应激的不同认知,可将应激反应分为积极应激和消极应激两种。科学的羽毛球课程教学能有效地消除学生的消极应激、增强学生的积极应激,促进学生的体能、智能、运动能力发展。

具体来说,科学的羽毛球运动训练能使学生有机体肌肉强健、心肺能力提高,促使内啡肽释放,降低焦虑,改善心境,使学生保持身心平衡;反之,不科学的羽毛球运动训练可导致学生产生心理耗竭,如果长期进行强度过大的运动,不仅会损害身体,还会给心理健康带来负效应——出现心理耗竭,主要表现为精神疲劳感增加、自尊心下降,对学习、生活产生消极态度。

在羽毛球课程教学训练中,学生通过参加运动训练提高体能水平、运动技能是一个长期艰苦的过程,因此必须具备一定的承受艰苦的能力。学生在运动训练中需要承受一定的运动负荷,运动负荷作为应急刺激物作用于机体,学生必须不断承受高水平的负荷。在这一过程中,教师应注意学生的合理身体休息和心理疏导,结合学生的实际情况科学选择和安排羽毛球教学与训练活动,切忌急于求成,避免长时间、强度过大的运动训练,以免给学生身心造成伤害。

（五）认知原理

认知是一个心理学概念,基于心理学对体育教学的有效理论支持与参考,我国对于认知的研究给予了较早的关注,在我国曾出版的《体育理论》一书中对体育教学的本质做了界定,指出体育教学过程"是一个从不知到知、从不完全知到完全知的认识过程;也是发展身体、掌握和提高运动技术的过程。"[①]在体育教学过程中,学生反复从事身体练习,学习巩固提高体育知识、运动技能,是学生认知能力和水平不断提高的过程。

---

① 体育理论编写组.体育理论[M].北京:人民体育出版社,1963.

认知对学生从事羽毛球运动具有重要的影响,更确切地说,人的认知能力和羽毛球运动体能、技能发展是相互影响的。

一方面,学生良好的认知能力是羽毛球技术学练的重要基础,著名心理学家让·皮亚杰(Jean Piaget)认为,不同个体针对问题和事件会提出各种各样的看法,个体经历适应环境、不断同化并将外部活动内化为内在的心理活动的过程,就是从认知发展去看问题的过程。学生认知的提高对其专项运动技术训练和提高是十分有利的,这些非智力成分对于提高和发展人的智力水平有着非常重要的作用。并进而促进学生在羽毛球运动中快速学会技术动作和领会动作要点,顺利完成训练任务,并提高羽毛球运动水平。

另一方面,羽毛球运动有助于提高学生的认知能力。具体来说,学生认知能力的提高有赖于大脑的发育,而运动能为学生的大脑发育提供必备的营养物质、增加大脑血氧供应、发展学生的思维,对学生的认知能力的提高无疑是促进的。

在羽毛球课程教学中,教师应充分结合不同学生的认知基础、认知发展特点和规律,科学引导学生学习羽毛球运动知识、技能,指导学生参与羽毛球体能、技能学练。

(六)技能形成与发展原理

个体从认识到掌握某一运动技能体现出一定的规律性,即需要经历一个由不会到会,由泛化到分化、再到巩固提高的过程,这就是运动技能的形成与发展原理的内容。

在羽毛球课程教学训练中,学生学习羽毛球运动技能,主要是通过进行各种身体方面的训练来进行的,在进行身体练习的过程中,学生的体能和技能都得到了一定的发展。运动生理学研究表明,运动者在身体练习过程中,通过反复重复同一个技术动作,使大脑建立一种固定的条件反射,进而形成对特定技能的掌握,技能的形成过程就是大脑建立固定条件反射的过程。

在羽毛球技能学练过程中,学生的技术动作的形成需要经历三个阶段,即泛化阶段、分化阶段和自动化阶段,从最初的技术动作不熟悉容易出错,到最后的条件反射建立能顺利完成各种技术动作,并达到动作的自动化(表 3-1)。

表 3-1　学生羽毛球运动技能发展与教学指导

阶段	学生学习表现	教学指导
泛化阶段	学习初期,在教师的讲解和示范下进行羽毛球运动实践,获得感性认识。该阶段处于泛化阶段,大脑内抑制尚未建立,可出现动作僵硬、不协调等现象,有多余动作	使学生建立正确的羽毛球动作表象,掌握复杂羽毛球技术重点环节,完成羽毛球运动技术动作,不必过分强调完美的动作细节问题
分化阶段	学习中期,学生逐渐加深了对羽毛球技能的认识,并能初步掌握羽毛球技能,技术动作趋于合理,更加协调。但动力定型尚未形成,技术时好时坏	注意及时纠正学生的错误,强化学生对正确技术的反复练习,让学生加强练习,改善练习效果
自动化阶段	学习持续期,大脑神经对羽毛球技能的时间、空间判断更加精准,大脑对技术动作的条件联系达到自动化程度	加强学生对完整技术的反复练习,不断精益求精

需要特别注意的是,由于不同学生的协调性、模仿能力、接受能力、身体素质等存在着差异,他们完成技能发展的三个阶段的时间不可能一致,所需要的练习量次也不可能完全相同。因此,教师要根据学生的实际情况,科学安排和有序实现羽毛球技能教学目标。

(七)身心互制原理

人的身心发展是分不开的,个体是一个综合体的存在,不仅包含躯体,而且包含意识。生理和心理二者相互影响、相互制约、共同促进。发展过程中不可偏废其一。

现代健康的新概念,也强调个体的多维健康。健康的身体不仅是没有疾病和机体功能正常,而应是生理、心理和社会适应方面具有良好的状态。而包括羽毛球课程教学在内的体育教学应该促进学生的身心健康发展。

上述这些都充分表明了在羽毛球课程教学过程中,教师应重视学生的身心互制、身心共同发展。

就羽毛球课程教学的本质而言,学生承受一定量的运动负荷不仅可引起生理方面的变化,还会影响学生运动心理的变化,学生必须克服运动训练过程中的各种困难,积极投入到技能学练过程中去,良好的心理有助于提高学生的羽毛球学练效果。因此,羽毛球课程教学不仅要体现在人的身体方面,也同时要体现在人的心理方面。

体育教育是一种有目的的使人的身体文化化的和谐教育活动。因此,在羽毛球课程教学中,教师要充分利用多种途径和方式来增进学生的身体健康,增强体质,同时也应该充分发挥羽毛球运动对学生的多方面的作用和影响,也就是说羽毛球课程教学应该有助于促进学生身心的全面健康发展。这是羽毛球课程教学中遵循身心互制原理的基本要求。

二、羽毛球课程教学所遵循的原则

(一)兴趣引导原则

学习兴趣是学生进行学习的重要前提,如果学生对教学课程没有兴趣,则再好的教师、再好的教学设计和安排都不会收到良好的教学效果。

兴趣引导的教学原则不仅是学生学习的客观需要,也是新时期终身体育教学的客观要求。现代学习理论强调学生的学习应以学生为中心,围绕学生的兴趣爱好、发展需求等开展各项体育教学活动,这是促进学生持续、不断学习,保持良好学习心态的重要基础和前提,也是促进学生能终身重视体育学习的重要基础,现代终身体育教育应贯彻包括羽毛球运动课程教学的始终,具体分析来说,终身体育习惯的形成是一个长期的过程,而如果体育学习和参与是枯燥的,那么这一习惯就很难养成,因此,只有不断调动学生的体育学习兴趣,才能有助于学生乐于参与体育学习,才能长期坚持并养成良好的体育锻炼习惯,兴趣引导是教学开展的第一步。

在羽毛球课程教学中,遵循和贯彻兴趣引导原则,应具体做到以下几点。

(1)教学过程中,对学生在羽毛球运动方面的兴趣进行着重培养,然后在教学实践中有针对性地进行学习,并在羽毛球的教学过程中始终保持和延续下去,以顺利完成羽毛球课程教学任务。

(2)教师应在全面了解学生兴趣爱好的基础上,根据学生个体的不同兴趣,有针对性地选择安排适宜的羽毛球课程教学内容,以最大限度地吸引学生的学习、参与兴趣。

(3)在准备相关羽毛球课程教学时,教师要精心设计教学计划方案,并且方案要以激发学生兴趣为前提,并引导学生的兴趣向着正确的方向发展。另外,随着羽毛球课程教学的深入,教师还要善于捕捉时机,因势利导,进一步强化学生的兴趣。

(二)学生主体原则

学生是教学活动的主体,任何一门学科的教学都应该坚持以学生为主体的教学原则,羽毛球课程教学也不例外。学生主体性原则是以素质教育的要求和教学的需要,以及教学活动所反映的规律为主要理论依据的。

具体来说,羽毛球课程教学要突出"学生主体",就必须树立将学生作为教学主体的体育教学观念,在羽毛球教学各项活动的安排过程中,充分围绕学生展开教学设计,充分考虑学生的学习需要、发展需要,最大限度地调动学生的羽毛球运动学习和参与的积极性与主动性,发挥学生的自主学习意识。

在羽毛球课程教学中,遵循学生主体性原则,具体应做到以下几个方面。

(1)转变羽毛球课程教学观念,教师要树立以学生为主体的教学观。这是在羽毛球课程教学实践中坚持以学生为主体教学原则的重要思想基础。

(2)教师要启发引导学生主动学习,使学生能够自主发现、解决问题。

(3)重视羽毛球课程教学设计与准备,使学生能够积极参与到教学活动中来,同时在教学中体现创新。

(4)学生主体性教学原则应贯穿羽毛球课程教学的始终,在不同的教学阶段,教师所采用的指导方式、教学策略等,应根据教学任务的变化而有所区别。以确保在不同的学习阶段,学生都能主动投入到羽毛球运动学习中,能在羽毛球运动学练中体会到主人翁意识。

(5)发挥教师的主导作用。"发挥教师主导性"与"体现学生主体性",二者并不矛盾。教师应充分认识到自己在羽毛球运动教学中的主导地位,在羽毛球运动教学实践中,重视对学生的科学引导,使学生能少走弯路、提高学习效率。教师指导的有效性则与教师的各种条件有关。教师要善于引导、有效引导。①

(6)重视和谐师生关系的建立。和谐的师生关系有助于促进校园羽毛球教学活动的顺利开展。在教学实践中,学生存在着个体差异,就要求教师必须采用科学方法发展学生个性。建立平等的师生关系,维持良好的羽毛球运动学、训环境。

(三)全面发展原则

促进学生身心健康、全面发展是羽毛球课程教学的重要目标和任务,是羽毛球课程教学中教师组织和实施教学必须遵循的基本原则,是羽毛球教学遵循身心互制原理的客观要求。

① 彭道林.试论教学原则[J].湖南师范大学教育科学学报,2016,(15)1.

具体来说,全面发展,既是所有学生的发展,也是学生的全方面的发展。通过羽毛球教学要使所有学生都能获得知识、技能,提高自身羽毛球运动素养;同时,通过羽毛球教学应促进学生的体能、技能、心理能力、运动智能等的全面发展。

在羽毛球课程教学中,科学遵循和贯彻全面发展原则,应注意做到以下几点。

(1)在羽毛球课程教学前,教师应认真学习和领会羽毛球课程教学大纲(或课程标准)精神,全面贯彻教学大纲(或课程标准)的目标和要求。

(2)在羽毛球课程教学前,教师应树立现代羽毛球课程教学价值观念。现代羽毛球教学价值具有多元性,除了生物学价值,还具有智育、美育、德育等价值。

(3)在羽毛球课程教学中,教师应注重身体健康知识的讲授,使得学生对于健康和体育锻炼有着科学的认识。还应注重体育育人的重要性,促进学生心理健康的发展,促进良好的人际关系的培养。

(4)在羽毛球课程教学的各个阶段,教师应科学制定教学任务、选择教学内容和运用各种教学手段和方法,同时,科学制定课程教学工作计划和教案,给予学生足够的身体练习时间,并在教学中重视学生的心理发展,注意增强学生体质并促进其身心全面发展。

(5)在开展羽毛球课程教学评价时,不仅要注重学生的知识和掌握,更要注重学生态度、人格、道德等方面指标的评价,发挥良好的导向作用。

(四)循序渐进原则

根据个体的认知原理和技能发展原理可以知道,学习过程是一个逐渐深入的过程,不能一步到位,要循序渐进,具体来说,就是由简到繁、由易到难、由未知到已知、逐步深化。循序渐进原则是羽毛球课程教学的一个基本教学原则。

在羽毛球课程教学过程中,科学落实循序渐进原则,需要做到以下各项工作。

(1)根据教学任务和学生的特点,制定教学文件,并安排教学内容。这样可以为顺利开展羽毛球课程教学工作提供有利保证。

(2)科学安排羽毛球课程教学内容的逻辑关系,将每次课、每学期的内容和教法都前后衔接起来,以获得逐步提高,从而使前一个内容的学习为下一个内容的学习做好铺垫。

(3)科学安排羽毛球课程训练的运动负荷。由于机体适应某种生理负荷需要有一定的时间,因此生理负荷是需要循序渐进地提高的。通常情况下为波浪式、有节奏地逐步提高学生的生理负荷,不要一次性安排大强度的运动负荷。

(五)巩固提高原则

巩固提高原则,是体育教学的基本原则,也是羽毛球课程教学必须遵循的原则。

羽毛球技能的学习是一个持续发展的过程,从不熟悉到熟悉、从不了解到全面掌握,是一个逐渐提高的过程。如果不能持续促进学生的羽毛球运动知识的不断丰富、技能的不断发展,则羽毛球课程教学就是没有意义的教学,因为教学没有促进学生的改变和发展,教学活动就是徒劳无功的。

在羽毛球课程教学中,遵循巩固提高原则,应注意做到以下两点。

(1)在羽毛球运动理论教学中,应注意羽毛球体能、技能理论知识的不断深入,不断加深学生对相关理论知识的理解和深入学习,以更好地指导学练实践。

(2)在羽毛球运动实践教学中,深入掌握运动负荷与身心发展的原理,这是体育教师所应掌握的基本理论。如果安排的负荷量不合理,不仅起不到应有的效果,甚至会对学生的健康产生不利的影响。应有节奏的增加负荷量,运动负荷如果停留在一个水平,那么对于学生运动能力和运动素质的发展是不利的。

（六）技能发展原则

技能发展的教学原则与巩固提高的教学原则是相辅相成的，技能的发展是巩固提高的重要目的，也是由羽毛球运动教学的教学任务所决定的。

在羽毛球运动教学中，通过教学活动的开展发展学生的羽毛球运动技能，为学生更加科学、深入地参与羽毛球运动奠定必备的技能基础是羽毛球教学的重要任务之一。在教学中，学生的技能发展是完成羽毛球运动学习的重要学习目标之一。这一教学任务和学习目标的完成都是为了学生长期、持续参与羽毛球运动而服务的。学生的羽毛球技能发展可以提高其学习自信心，从而使其进一步投入到羽毛球学练之中，形成一个学习、发展的良性循环。

在羽毛球课程教学中，遵循技能发展原则，应注意以下几个方面。

（1）教学过程中，教师应充分认识到学生羽毛球技能发展对于学生长期的羽毛球运动学习的促进的重要作用。在教学中，重视学生的技能学练与提高。

（2）教师应正确引导学生明确学习羽毛球技能的目的，通过科学的教学过程组织、实施，促进学生逐渐掌握、稳步提高羽毛球运动技能，为参加更高水平的羽毛球运动奠定技能基础，为以后终身参与羽毛球运动奠定基础。

（3）教师要注重自身教学素质、专业运动素质的提高，这是在教学中通过教学工作开展、指导、促进学生不断掌握和提高新的、更难的羽毛球运动技能的重要基础和客观要求，教师应在遵循学生技能发展特点与规律的基础上，合理开展羽毛球教学，为提高羽毛球课程教学质量提供理论指导。

（4）教师要重视加强学生羽毛球运动理论知识的学习。只有对羽毛球技能规律，特别是在羽毛球课程教学条件下的羽毛球技能规律有充分的了解，才能够让学生更好地掌握运动技能。

（5）教学过程中，教师（学校）应为学生不断提高运动技能创造良好的环境和条件。

（七）因材施教原则

因材施教原则，是指在羽毛球教学中，教师要根据每一个学生的具体情况，实施针对性教育。

受到各种因素的影响，比如遗传、生长环境等的影响，学生身心发展方面的差异是客观存在的，教师在组织羽毛球教学时，应充分考虑这些差异，做到因材施教。

在羽毛球课程教学中，遵循因材施教原则，应注意做好以下几个方面的工作。

（1）在羽毛球课程教学中要贯彻"面向全体学生"的精神，使每一个学生的运动技能和身心健康都能在各自的基础上得到充分的发展。

（2）教师在制定相应的教学目标和教学计划时，应结合学生的身体特点，在不同阶段，教学应有所侧重。

（3）教师应深入了解学生的心理特点，针对不同的学生特点针对性地开展教学，以激发每一个学生学习、参与羽毛球运动的积极性和主动性。

（4）在羽毛球课程教学过程中，应根据学生的年龄、性别、健康等多个因素来安排运动负荷量，做到区别对待。同时，还应根据学生的身体状况对休息的时间、方式与次数等方面进行科学安排。

（5）教师应重视羽毛球教学过程中的反馈。在羽毛球课程教学过程中，教师应仔细观察学生的学习情况，如学习态度、学习进度，时时了解学生的实际学习情况，并注重课上、课下与学生的积极有效沟通，通过学生自身学习情况的反馈，了解学生的具体学习情况，发现羽毛球教学中存在的一些问题，并及时进行有针对性的改善，进一步提高教学质量。

（6）教师要不断提高自身素质和能力，深入了解学生的身心发展规律和特点。

（八）专项教学原则

羽毛球课程教学是针对羽毛球运动的教学，而非其他体育运动项目的教学，教学应突出羽毛球的专项特点。

在体育教学中，体育项目多、内容丰富、种类多样，不同项目的教学内容不同、教学目标不同、教学方法也不同，对此教师应有充分的了解。

无论是在羽毛球理论教学还是羽毛球实践教学中，都应该结合羽毛球运动的特点来设计教学方案、组织教学过程、选择教学方法，促进学生的羽毛球专项体能、技能的发展。

（九）安全教育原则

包括羽毛球运动在内的大多数体育运动都带有一定的风险性，表现为其参与者会出现较多概率的运动性伤病。当然，一定的风险性也是体育运动的魅力之一。但是，让运动参与者受伤并不是体育运动所追求的事情。

对于羽毛球运动来讲，虽然和其他非隔网对抗项目相比，具有较高的安全性，但是，在运动过程中，如果准备不当或者受技术、场地等因素影响，也很有可能发生损伤事件。为了确保学生的教学安全，在羽毛球课程教学中，应提高安全意识，积极贯彻和落实安全教育原则。

具体来说，在羽毛球课程教学实践中，遵循安全教育原则，教师应做到以下几点。

（1）树立"健康第一""安全第一"的思想，在体育教学中，应做好相应的预防措施，并将学生的安全问题和健康问题放在教学工作的重要位置。

（2）教学过程中，向学生灌输安全意识，羽毛球实训活动开展前，教师应尽可能将安全管理事宜做得周全和可靠，在课程开始之前，对各项运动器材进行认真检查。

（3）教学中，教师要引导学生明确羽毛球练习的目的是强身健体，对那些明显超出能力范围的难度动作不要冒险尝试。

（4）教学中，应遵循体育教学的规律。教师不能因为惧怕学生受伤而取消一些难度相对较大的运动。

（5）教学过程中，教师应时刻观察学生的行为，以此最大化地防止安全事故的发生。

（6）体育教学是一个特殊的教学过程，总是伴随着各种身体活动，任何教学过程都不可能做到绝对的完美和万无一失，因此，对于教师来讲，不仅要在教学中做到防患于未然，还要做到有办法应对，使学生自己掌握最基础的运动伤病处理方法，并做好各种预案，以便能及时应对各种突发情况。

（十）终身体育原则

终身体育是现代体育教学的基本教学指导理念，也是羽毛球教学的一个重要原则。

在羽毛球课程教学中，教师应重视对学生的终身体育意识和体育能力的培养，使学生在走出校门之后，也能坚持参与羽毛球运动以促进自身的身心健康、持续发展。

第二节　羽毛球课程教学的基本任务与内容

一、羽毛球课程教学的基本任务

（一）传播羽毛球运动知识

在羽毛球课程教学中，教师应通过理论课程教学的开展，积极传播羽毛球运动理论和文化知识，并促进学生全面掌握。这是羽毛球运动教学的重要任务之一。

羽毛球运动知识内容涵盖广泛,包括理论知识还包括技能知识,从教与学的角度来说,可以将羽毛球技能知识形容成一种"身体的知识"。羽毛球课程教学不仅要丰富学生的羽毛球理论知识内容体系,还要通过改造学生身体素质,丰富和强化学生的"身体的知识",

(二)促进学生身体发展

羽毛球运动是一项可以全面锻炼身体的运动。凡是参与羽毛球运动的人几乎可以在练习中使身体获得全面的锻炼。

具体来说,通过开展羽毛球教学活动,促进学生的身体健康发展,包括以下几个方面。

1. 促进学生正常发育

青少年学生时期,在生理方面,他们处于身体成长发育的关键时期,身体形态的可塑性较大。科学的羽毛球课程教学有助于促进学生的身体形态的正常发育,使学生养成正确的身体姿势,让身体更加强健,培养出健壮的体格和匀称的体型。

2. 提高学生身体机能

通过科学的羽毛球运动教学、训练活动,促进学生身体机能的全面发展。

(1)改善神经系统功能。

(2)促使骨骼发育、加强血液循环。

(3)改善呼吸系统功能。

(4)增强心血管系统功能。

(5)提高学生的免疫能力、抗病能力,提高学生适应不同自然环境、社会环境的能力。

3. 发展学生身体素质

促进学生身体素质的全面发展,包括身体素质(力量、速度、柔韧性、耐力等）、时间工作能力以及体能能力等。

在羽毛球课程教学过程中，系统的学、训活动，对发展学生的各种体能有着重要的作用。教学实践中，要求学生在运动过程中通过反复练习，以达到较高的心肺耐受力、柔韧性、肌肉耐力、灵敏性、平衡性等，达到发展体能的目的。

（三）促进学生心理发展

1. 改善心态

系统的羽毛球课程教学对陶冶学生良好情操具有重要的作用，这也是羽毛球课程教学的主要任务之一，就是通过运动参与，愉悦身心，改善学生的心态，使其积极面对学习、生活。

2. 调节不良心理

运动具有调节心理的重要作用。羽毛球运动能给学生带来各种丰富的运动情绪体验，如不断克服困难坚持锻炼、胜利后的喜悦、失败后的沮丧、与同伴相处中的各种心理感受等。这些都有助于丰富学生的体验，使学生学会自我调节。

3. 完善学生人格

运动对于塑造个体完美人格具有重要作用，羽毛球课程教学中，各项羽毛球教学活动的开展需要学生、教师的积极参与，在人参与活动的过程中，人与人之间的相处会产生各种问题，这些问题的解决有助于学生人格特征的培养与完善；此外，在丰富的体育活动中，各种情感体验也有助于学生情感的丰富和人格的发展。有助于学生能正确处理个人利益与集体利益的关系，学会竞争、学会合作、学会做人。

（四）发展学生羽毛球运动技能

运动技能的学练是羽毛球课程教学的重要任务和内容。

在羽毛球课程教学中,羽毛球技能教学在总的羽毛球教学课时中占据较大的一部分比例,发展学生的羽毛球运动技能对于教师、学生来说都是一个重要的任务。

羽毛球教学中,学生的羽毛球运动技能的持续、不断发展,能为其日后终身参与羽毛球运动奠定良好的技能基础,促使学生长期坚持羽毛球运动训练,并终身受益。

通过羽毛球课程教学,应促进学生各项体育运动技能的提高,促进学生运动能力的发展。甚至通过羽毛球课程教学能发掘在某一体育运动项目中具有潜力的优秀后备人才,通过持续训练能使其成为优秀的羽毛球专业运动员。

(五)提高学生体育思想和道德

体育具有良好的德育功能,羽毛球运动教学中,教师应深入挖掘羽毛球运动教学的德育功能,促进学生的体育思想和体育道德的发展与提高。

在羽毛球课程教学过程中,通过组织学生参与各种形式的羽毛球运动训练、比赛、游戏,在活动过程中,丰富学生的体育活动情感体验,让学生充分感受体育规则、体育精神、体育道德等对运动参与者的思想、行为的约束。使学生在参与羽毛球各项活动的过程中学会克服困难、积极拼搏、遵守规则、尊重他人、倡导民主与公平、培养良好的体育道德和社会道德。

此外,羽毛球运动属于竞技体育运动,通过羽毛球运动教学,应增强学生的爱国意识;培养良好的个人品格,努力奋斗、开拓进取。增强自身的约束能力,构建良好的人际关系教育;培养学生尊师重道、文明守礼的品行。

(六)传承羽毛球运动文化

任何一个体育运动项目的发展都伴随着一定的文化发展,体育是一种特殊的文化形态,各个体育运动项目的发展也是具体的运动文化的发展史。

体育教学不仅是技能的教学，也是文化的教育传承。在羽毛球课程教学中，教师不仅要将具体的羽毛球运动技能传递给学生，还要将羽毛球运动中的文化内容传递给学生。

在羽毛球课程教学中，教师科学安排不同单次体育课内容之间的逻辑教学关系，可以把体育课中传授的各种小的运动技术累加起来，学生学到的是某个运动项目的完整技术，继续累加，就学到了各种运动技能。这是自我技能本领的传承。

此外，羽毛球教学中，教师对羽毛球运动文化的传授、或者说学生对羽毛球文化的传承具有阶段性。包括羽毛球运动在内的体育教学贯穿整个教育阶段，从小学一直到大学，各个阶段的羽毛球运动教学中，教师对羽毛球文化的传授重点、内容是不一样的，这与学生的认知基础、知识积累、社会经验等具有十分密切的关系，各阶段的羽毛球运动文化应符合学生的认知范围，同时，要做到各个阶段羽毛球运动文化传承的持续、不间断，以促进学生在各个阶段对羽毛球运动文化的掌握与传承。这是长期运动文化和技能的传承。

二、羽毛球课程教学的基本内容

(一)学科基础知识

羽毛球课程教学的学科知识内容主要包括两大方面内容。

(1)羽毛球专项运动知识理论、文化知识内容。

(2)体育的一般理论内容，与羽毛球运动相关的其他学科的理论知识内容。

(二)羽毛球运动技能

羽毛球运动技能教学是羽毛球课程教学的基本内容，是当前羽毛球课程教学的重点，通过羽毛球技术、战术的教学和实践练习，来提高学生的羽毛球运动技能、发展学生的羽毛球运动能力，并提高学生的技术表现能力、水平和效果,提高学生灵活运用各种技术、技巧、战术的实践能力。

（三）健康保健内容

羽毛球运动教学的开展离不开相关健康保健内容的学习,体育健康保健基本原理与知识是学校进行体育课程教学的基本教学内容,也是羽毛球运动技能的理论指导内容。

羽毛球课程教学中,通过体育基础原理和知识的学习,有助于加深学生对参与羽毛球活动过程中各种健康保健知识的认知,能使学生在自己参与羽毛球运动过程中充分把握好运动时间、运动强度,在保证身体健康的基础上,促进自身羽毛球运动体能与技能的发展,以使学生能坚持长期参与羽毛球运动学练。

（四）羽毛球竞赛知识

羽毛球运动竞赛知识是学生在羽毛球运动课程教学中需要深入学习和全面掌握的一部分教学内容。

羽毛球竞赛知识具体包括羽毛球运动竞赛规则、羽毛球竞赛的裁判法、羽毛球竞赛赏析等。

（五）体育道德与礼仪

1. 体育道德教育

体育道德是指在体育范围内形成的稳定的道德观念、行为规范的总称,可用于调整体育活动内部人与人、人与社会的各种关系。

体育道德的基本内容包括以下几个方面。

（1）公平:"公平竞争"是体育比赛中运动者"平等"权利最直接,最实际的体现。在体育比赛中,运动者没有政治、经济、文化、种族差异,比赛的起点是平等的。

（2）诚信:在羽毛球课程教学中,教师要为学生做好诚信的表率,要表里如一、言行一致,公平对待和爱护每一名学生。

(3)礼貌:包括羽毛球课程教学在内的体育课程教学在培养学生文明礼貌方面具有自身的优势和特点。尊师重教是教学对学生最积极的影响,在教学中,教师应加强对学生这方面的教育。

(4)善学:即掌握有效的学习方法和策略,具有自我调控学习过程的能力,使学生"会学""学会"。

2. 体育礼仪教育

体育礼仪蕴涵着对人类的发展具有启迪和影响作用的有价值的思想、作风和意识。体育礼仪能使人(运动者、裁判员、教练员、观众和其他工作人员等)在激烈、紧张、残酷的竞争中感受到人文关怀,彼此融洽人际关系。

羽毛球运动中的体育礼仪涉及到诸多方面,具体包括以下三方面的内容。

(1)特定场合的体育仪式,如开幕仪式、颁奖仪式、闭幕仪式等。

(2)运动者在体育活动中应该具有的仪容仪表、行为举止、服饰、语言及礼貌礼节上的礼仪规范。

(3)能形象体现羽毛球活动的价值取向、文化内涵的各类体育知识内容。

第三节　羽毛球课程教学文件的制定与实施

一、羽毛球课程教学文件类型

教学文件是指国家的教育方针,上级部门颁发的各种有关教学的指导性文件,是宏观教学文件,学校的体育相关教学文件在国家教育文件的指导下进行,对微观的体育教学活动的具体开展和实施具有重要的理论和实践指导作用。

羽毛球课程教学文件是羽毛球课程教学实践的指导性文件，对各项羽毛球教学活动的开展有重要的指导作用。

当前，羽毛球课程教学文件主要包括三种，即羽毛球课程教学大纲、羽毛球课程教学进度、羽毛球课程教学教案。这三种教学文件从宏观到微观，对羽毛球课程教学提供了科学有效的教学指导，是体育教师在正式开展羽毛球课程教学前必须充分认识、了解和制定出的重要教学指导性文件。

二、羽毛球课程教学大纲的制定

教学大纲是教学中教师开展教学工作的指导性文件，是教学活动开展的重要依据。

羽毛球课程教学大纲的内容与制定要求具体分析如下。

（一）教学大纲的基本内容

（1）大纲说明：阐明教学大纲制定的依据与原则、课程性质等。

（2）教学目的：阐述羽毛球教学的具体任务。

（3）教学内容：羽毛球教学内容，包括理论与实践内容，以及理论教学与羽毛球实践教学的比例。

（4）课时分配：针对羽毛球课程教学内容，对羽毛球教学总课时数的比例，理论教学的课时、实践教学的课时进行具体安排。

（5）教材及参考书：列出教学所使用的教材和教学参考书。

（6）教学设施：包括羽毛球运动场地和各种体育设备。

（7）教学考核：明确考核的内容、方法，对不同羽毛球运动教学内容的具体考核方法进行详细阐述。

（8）成绩评定：对学生的学习态度、思想品德，羽毛球教学内容和学习任务完成情况等进行评定。

（二）教学大纲的制定要求

（1）从羽毛球课程教学实际出发，落实教学计划。

（2）教学大纲应符合羽毛球运动的特点，明确课程任务和教学时数，突出教学训练与培养目的。

（3）合理分配羽毛球课程教学的课时数，确保各项羽毛球运动教学任务的完成。

（4）重视羽毛球教学内容的系统性、先进性和科学性。

（5）以基本理论、基本技术与技能为考核重点，考核方法全面、客观。

三、羽毛球课程教学进度的制定

教学进度是根据教学大纲所规定的教学任务、教学内容和时数分配，把教材内容具体落实到每次课中的教学文件。

在羽毛球课程教学中，教学进度是羽毛球课程各项教学活动组织和实施的重要参考指南，是羽毛球课程教学活动有序、顺利开展的指导性文件。

（一）教学进度的制定要求

羽毛球教学进度的科学制定具有以下几点要求。

（1）合理安排教学内容，突出教学重点。

（2）教材安排符合逻辑，体现羽毛球运动理论知识与羽毛球技战术的关系、体现羽毛球技术与战术的关系。

（3）教学课时合理搭配。合理分配羽毛球运动员理论知识、技术、战术的教学课时。

（4）坚持用教学理论指导羽毛球教学实践，并做到羽毛球教学理论与实践二者的紧密、有机结合。

（二）教学进度的格式

当前，羽毛球教学进度的常用格式主要有两种，即名称式教学进度和符号式教学进度,具体分析如下。

1. 名称式教学进度

在羽毛球教学进度的制定过程中,名称式教学进度主要以课的顺序为依据将各类教材的名称填入教学内容,在课程类型内填写相应的组织方式,及其他相关内容(表3-2)。

表3-2　名称式羽毛球教学进度表

课次	教学内容	课程类型	备注
1			
2			
3			

2. 符号式教学进度

符号式教学进度格式在羽毛球教学实践中也较常被采用,它主要是根据编号顺序将教材内容逐个列入相应栏,再结合内容先后顺序在课次栏内画"√"等符号,可充分表现出教学内容的安排顺序、各教学内容的数量(表3-3)。

表3-3　符号式教学进度表

次数\内容								四	五	六	七	八	九					
		1	2	3	4	5	6	7	8	9	1	1	1	1	1	1	1	1
理论部分	1									○		○		○		○		
	2																	
技术部分	1	△	×															
	2																	
战术部分	1	△	×	×	×													
	2																	
考核																	⊕	⊕

注:"○"为理论课;"△"为新上课;"×"为复习课;"⊕"为考核。

四、羽毛球课程教案的制定

教案是教师结合教学进度对每一堂课的教学内容、教学步骤、时间安排和详细步骤进行编写的教学文件,是具体的羽毛球教学课的指导性文件。

（一）教案的制定过程

（1）确定教学目标:制定羽毛球课程教学教案,首先要依据羽毛球单元教学目标和单元教学设计来确定学时教学目标。教学目标必须全面、明确、具体、可行。

（2）排列教学内容:羽毛球教学内容的排列应先明确共几项教学内容,注意合理安排教学内容的先后顺序。

（3）组织教学方法:根据教学内容重点、难点考虑必要的教法,如讲解、提问、讨论、演示、实践学练等。

（4）安排教学时间和练习次数:各项内容的教学时间的总和应等于或小于课的总时间。安排练习的次数并算出时间,确定练习次数要留有一定余地,要留有教师在练习中的指导时间。

（5）确定计划场地器材和用具:尽可能充分地利用学校现有的体育器材,明确本次课所需的场地器材的名称、数量、规格等。

（二）教案的制定要求

羽毛球教学教案的制定与编写应注意以下几点。

（1）根据羽毛球课程教学的目标、进度、性质等,确定本次课的羽毛球教学的任务。

（2）根据羽毛球课程教学任务确定教学内容、教学方法、教学组织形式。

（3）根据羽毛球课程教学内容、方法等考虑场地、器材、设备、学生的人数、学生基本运动能力等要素,合理组织教学过程。

（4）教学过程中，注意因材施教，个别对待。

（5）注意本次课与下次课的合理衔接。

（三）教案的结构和格式

羽毛球课程教学教案最基本的结构应包括准备部分、基本部分和结束部分（表3-4），应结合具体教学实际情况，对教案的结构内容进行完善，但注意各部分教学内容与教学用时应合理安排。

表3-4　羽毛球课教案结构

课的结构	教学内容与过程	板书与教法	用时
准备部分			15～20分钟
基本部分			70～90分钟
结束部分			5～10分钟
教具			—
课后小节			—

在羽毛球课程教学实践中，教师经常采用的教案制定格式有两种，一种是表格式，结合羽毛球教学课任务，按表格各栏的先后顺序，填写各部分的教学内容、组织教法、练习次数、运动量及其他相关事项和小结（表3-5）。另一种是条文式，多用于羽毛球理论课的教学。

表3-5　羽毛球课教案表格式

授课班级	课的编号				上课日期		
课的 基本教材			课的任务				
课的部分	时间	课的内容	组织工作	教学步骤	运动负荷		常犯错误 及纠正方法
					时间	次数	心率

五、羽毛球课程教学文件的管理

教学文件对教学过程的重要指导作用要求客观上必须加强教学文件的管理，这是提高教学效果、教学质量的重要教学工作基础。必须予以重视。

在羽毛球课程教学中，对羽毛球课程教学文件的科学管理，应充分做好以下工作。

（一）教学文件管理工作研讨

在羽毛球课程教学中，一旦涉及到教学文件相关工作和内容，第一个步骤就是学习研讨，其操作程序具体如下。

1. 提出管理意见

提出教学文件管理的指导性意见，并组织学习研讨。

2. 确定管理主体

对教学文件进行管理的主体是体育机构和体育教研室（组）进行明确。

在羽毛球教学实践中，相关教学文件的管理需要明确管理主体，管理主体对教学文件的管理负有主要的职责，学校课程教学文件管理一般由学校体育领导部门负责。

3. 组织教师研讨

体育机构和体育教研室（组）应组织学校的体育教师对教学计划进行仔细的分析和研究，以使相关教学文件与学生的实际情况相符，与国家的相关体育教学文件，如《国家体育锻炼标准》《体育合格标准》等相关制度的要求相符、与本校羽毛球教学实际相符。

（二）明确教学文件制定流程

明确教学文件制定流程是教学文件管理的重要内容之一。这一工作主要是由学校体育教学相关部门负责。

羽毛球教学文件制定流程的确定，需要做好以下工作。

首先，在制定羽毛球相关教学文件前，学校体育管理和教学管理部门及人员在进行仔细的研讨之后，应对教学文件做一个宏观的规划，印制一份统一的教学计划表格，规范教学文件的制定过程，并便于以后相关检查工作的开展。

其次，在教师初步完成教学文件的制定后，学校应组织具体部门集体讨论与审议，协调与调整教学计划中场地器材的安排和各年级教材出现时间的顺序等。对各教学文件中有不妥的地方进行协调、处理，使之与教学实际相符。

最后，在最终的教学文件制定完成后，学校相关部门还要进行审核和批准程序，从而使教学文件具有可行性和科学性，及其顺利实施得到保证。

（三）教学文件的科学制定

结合具体的羽毛球教学任务、教学目标、教学实际等科学制定羽毛球教学文件，具体制定内容、过程及要求在前面已经详细介绍，这里不在赘述。

（四）教学文件的实施、修正

教学文件审核批准通过后，就可以在羽毛球教学活动中正式开展实施了，在实施过程中，必须严格规范执行过程，不能随意变动。

但是，针对确实与教学实际不符的，应就教学文件不妥的地方进行适当调整。

（五）教学文件的整理、分类、归档

加强对羽毛球课程教学文件的后续管理，将各类教学文件整理、分类、存档，以备日后查询、参考与研究。

第四章　羽毛球课程教学方法体系
的建设与研究

在开展羽毛球教学过程中,应采用科学的教学方法充分调动学生参与羽毛球运动的积极性,以期促进羽毛球教学目标的实现。羽毛球教学方法有多种,不仅要根据实际情况来采用合理的教学方法,还应注重对教学方法的创新。

第一节　常见的羽毛球教学法

一、语言教学法

语言教学法是在教学中最为常用的一种教学方法。在教学过程中,教师需要通过语言来对学生进行指导。羽毛球教学中,教师使用语言法时,应注重语言的简明性、生动性、形象性,能够使得学生充分理解所讲述的相关知识。在运用语言教学法时,应注重语言的技巧。一般学校羽毛球教学中语言法的形式有:讲授法、谈话法、口头评价法以及口令和指示法等。

（一）讲授法

讲授法是通过语言系统讲授体育相关知识的教学方法,这一方法能够使得学生在短时间内获得较为全面系统的理论知识和认识。根据教学目标和教学内容的不同,可将讲授法分为讲解、讲述和讲演等几种形式。讲授法是较为常用的体育教学方法,在运用时,应注重"精、准、新、熟"。

(1)所谓"精",就是要在教学中做到少而精,使得讲授主体明确,语言简明。应根据教学目标、教学内容和教学特点来进行讲授,教学要具有一定的针对性,使得学生能够抓住教学的重点和难点。

(2)"准"即为讲授的内容要有科学性,要做到正确、清楚。在讲授时,不管是原理还是相应的技能,都要做到准确无误。另外,讲授的方式还应与学生的学习能力相适应,使得学生容易接受所讲授的内容。

(3)"新"则是指教师应注重体育相关知识和理论的新动态,掌握新信息、新内容,在讲授时要紧跟时代潮流。应积极启发学生的创新性思维,使得其能够学以致用。另外,教师还应注重自身语言的生动性和形象性,使得讲授充满启发性和趣味性,促进学生的学习兴趣的发展。

(4)"熟"是指在讲授相应的内容时,应注意做好充分的准备工作,注重将所讲授的知识和技术与学生已经熟悉的内容联系起来,使得内容更加通俗易懂、深入浅出。

(二)谈话法

谈话法又被称为"问答法",其也是教学过程中常用的方法。在羽毛球教学时,通过进行问答的方式进行教学,能够激发学生积极进行思考,使得学生保持注意力。另外,教师通过问答也能够了解学生学习的情况,获得相应的反馈信息,以此为根据来对教学活动做出相应的调整。可将谈话法分为以下三类。其一,传授知识和技术的谈话法,教师针对将要讲授的内容提出相应的问题,学生结合所学进行思考和回答;其二,巩固与检查的谈话法,教师根据学生已经掌握的内容,提出相应的问题让学生进行回答;其三,指导或总结谈话,在课程结束或一部分内容结束之后,教师进行概括和总结,引导学生提出问题并解答。

在进行羽毛球教学时,运用谈话法应注意以下几方面的问题。

（1）注重了解学生的基础水平。教师必须考虑学生的认知水平，其在理解和掌握一定的知识基础后，运用这一方法才能够取得良好的效果。

（2）注重问题的设计。设计的问题难度不宜过大，因根据教学内容、教学目的提出，问题应激发学生的兴趣。

（3）注意引导、启发学生的思维。

（4）教师解答应准备充分。在授课之前，教师应提前做好准备，以圆满解答问题。

（三）口令、指示法

在羽毛球教学过程中，口令、指示法也是重要的语言教学法。在采用这一教学法时，语言应简短有力，将一些关键知识和技术总结为简短的口令，在学生进行练习时发出相应的口令和指示，指导学生进行练习，便于学生记忆。

二、直观教学法

直观教学法是体育教学的重要教学方法，在进行羽毛球教学时，直观教学法运用也较多。直观教学法即为通过直观的方式作用于学生的感觉器官，使得其充分感知相应的技术动作，实现教学的目的。直观教学法有动作示范法以及录像、教具、模型演示法等。

（一）动作示范法

动作示范法即为教师采用一些示范动作来使得学生了解动作的要领、结构、路线等的方法。在采用动作示范法时，教师可以自己进行动作示范，也可由学生进行示范。在羽毛球教学中，采用动作示范法应注意以下几方面的内容。

（1）在进行羽毛球动作示范时，应具有一定的目的性。在示范一些新的技术动作时,为了使学生了解动作的结构,引导学生进行学习,动作应稍慢一些。如果是为了使学生了解基本动作形象,示范动作可快一些。对于一些复杂和难度动作,可多做几次示范。

(2)在进行羽毛球动作示范时,应保证示范动作的准确性,避免对学生产生误导。在进行动作示范时,可配合一些语言教学法,以加深学生对于技术动作的理解。

(3)在进行羽毛球动作示范时,教师所示范的各种动作其目的就是为了让学生观看。因此,在进行动作示范时,应注重示范位置的选择,对学生进行相应的站位组织,使得所有的学生都能够清楚地观察到示范动作。

(二)录像、教具、模型演示法

在羽毛球教学中,除了进行动作示范之外,教师也经常运用一些录像、教具、模型等来演示相应的技术动作,以辅助教学。这些工具的运用能够增加教学的趣味性,并使学生能够更好地理解相应的技术动作结构和形象。

多媒体技术是一种现代教学的重要手段,运用电影和电视、录像等来进行羽毛球技术动作的学习。通过运用多媒体技术,还能够使得学生观赏著名运动员的技术动作,具有良好的教学效果。

三、完整与分解教学法

完整教学法和分解教学法是羽毛球教学中经常使用的教学方法,两者往往结合在一起使用,具有良好的效果。

(一)完整教学法

完整教学法是重要的教学方法,是对技术动作完整教学的方法。这一教学方法一般应用于相对较为简单,或是不宜进行分解的技术动作。另外,在初次进行相应的羽毛球技术动作教学时,为了保证学生对相应的技术动作更好地理解和认识,可采用完整教学法来使得学生对其全面了解。

这一教学方法能够使得学生对于技术动作形成完整的认识,但是如果在对一些相对较为复杂的技术动作进行教学时,这一教学方法就显得不适用了。在羽毛球教学时,应注意以下几方面的问题。

(1)在进行羽毛球教学时,教师可先进行完整动作示范,学生直接进行完整动作练习。

(2)对于一些无法分解的技术动作,进行完整动作练习时,应注意将各动作要素进行分析,以使得学生能够了解用力的大小、动作的程度等。

(3)在采用完整教学法时,对于一些难度动作,可先降低动作的难度,然后在此基础上逐渐增加难度。但是,应保证技术动作的准确性。

(二)分解教学法

分解教学法是与完整教学法相对应的一种教学方法。这一教学法将完整的技术动作进行分解,通过注意掌握分解动作,最后将其连接起来,最终掌握整个动作。这一教学法适用于难度较高,并能够进行分解的动作。

在羽毛球教学中,通过采用这一教学法,能够将复杂的动作简单化,降低技术动作的难度,便于开展教学。但是,这一教学法也有相应的缺点,即为其注重局部动作的分解和把握,容易忽视技术动作的整体性。因此,在教学过程中,应将分解教学法与完整教学法结合在一起使用。

在运用分解法进行教学时,应注意以下两方面的问题。

(1)采用分解法进行羽毛球技术教学时,应注重采用合理的方式对其进行分解,保证动作技术的有序性和统一性。将完整的技术动作分为多个环节时,应注重它们之间的联系。

（2）在进行分解练习之后,应将各部分动作连接在一起进行练习,保证各部分动作能够良好的衔接,从而使得动作能够成为有机统一的整体。

四、游戏和竞赛教学方法

（一）游戏教学法

游戏教学法是体育教学中的常用教学方法,这一教学方法将体育教学的内容以游戏的形式开展,促进学生积极参与其中,从而达到相应的教学目的。但是,在游戏教学法的应用过程中,所开展的各项游戏应与羽毛球教学的内容相适应,有明确的教学目的,在相应的规则允许范围内实施。

游戏教学法的优点在于具有较强的趣味性,能够激发学生参与学习的积极性,培养其羽毛球运动参与的兴趣。另外,通过开展游戏教学,还能够激发学生的创造性思维,促进学生之间的交流,使得学生之间保持良好的关系。羽毛球技术动作较多,通过采用游戏教学法,能够起到良好的教学效果。但是,在采用游戏教学法时,应充分发挥体育课的教育功能,使得学生在游戏过程中实现身心的发展。而如果游戏教学法使用不当,就会使得羽毛球教学变为羽毛球游戏课,学生难以得到发展和提高。

在运用游戏教学法进行羽毛球教学时应注意以下几点。

（1）在进行游戏教学时,应制定相应的规则,避免放任不管。教师可选取相应的教学内容将其游戏化。

（2）在进行教学时,师生应遵守相应的规则,并进行一定的监督,避免学生破坏规则。在游戏时,如果学生破坏规则,就应该接受相应的"惩罚"。

（3）在采用游戏教学法时,应合理对运动负荷进行安排,使得教学负荷与学生的实际相适应。

（二）竞赛教学法

竞赛教学法也是体育教学中经常采用的教学方法,这一教学方法使学生之间展开竞争和对抗,促进相应的技战术的巩固和提高。另外,在竞赛过程中,还能够对学生的学习情况进行了解,方便对教学进行改进。

竞赛教学法竞争性和对抗性相对较强,学生所承受的运动负荷较大。在运动比赛过程中,能够充分促进学生比赛应变能力的提升,促进其各方面能力得到最大限度的发挥,推动其进一步发展。羽毛球教学中,竞赛教学法通常在学生熟练掌握相应的运动技战术后使用,有利于技战术的巩固和提高。如果技术动作不熟练,在比赛过程中容易造成技术动作变形。

竞赛教学法有多种形式,不同的竞赛教学法的形式与特点如表 4-1 所示。

表 4-1　不同竞赛教学法的形式与特点

	尝试性比赛法	限制性比赛法	总结性比赛法
目的意义	在学习相应的技术之前,体验比赛的特征,激发学生对于技术动作学习的欲望,为进一步教学做好准备	学习相应的技术动作之后,通过设置一些比赛条件,如只能用相应的技术,使得比赛具有针对性	学习完成之后,开展总结性比赛,使得学生学会发现自身的不足。在比赛中,使得学生充分体会羽毛球的乐趣,并加深对项目的理解
形式与要求	(1)按照正规的规则进行 (2)教师不要进行干预,但是应发现其在比赛过程中的问题 (3)对学生出现的技战术问题进行记录	(1)必须进行规则上的修正 (2)比赛以学生的学习为目的,不要过于注重比赛的结果 (3)限制是为了降低比赛的难度,但是难度也不应太低	(1)按照标准的规则进行 (2)比赛以总结学习为目的,在注重胜负的同时,也要注重其技战术的运用 (3)比赛的胜负要有不确定性
适用场合	安排在教学单元的前半部分	安排在战术学习阶段	安排在教学单元的结束部分

教师在运用竞赛教学法进行羽毛球教学时,应着重注意以下几个方面。

(1)竞赛教学法应具有明确的目的,竞赛活动的开展应使得这一教学目的得到实现。

(2)在开展教学竞赛时,应进行合理分组,避免让实力悬殊的学生展开竞赛。教师应对学生的实力进行分析,使得实力均衡的学生两两对决。

(3)在利用竞赛教学法时,教师还应对学生在比赛过程中所运用的技术动作进行评价和分析,对其错误动作应进行及时纠正,对其表现进行评价和分析。

五、学生常用的学习方法

(一)观察学习法

观察学习法即为借助于视觉观察来进行学习的方法。通过对学习对象进行观察,在此基础上获得相应的信息资料。在羽毛球教学过程中,学生通过观察获得技术动作的整体印象,在大脑皮层中建立神经联系形成动作技能的表象。在羽毛球学习时,借助此法,可使学生直观了解和认识学习内容。其是体育学习的首要方法,羽毛球技能的形成也是如此。

(二)模仿学习法

模拟学习法是羽毛球学习者进行学习的重要方法,在学习过程中具有不可替代的作用。人们认为,基本动作技能的学习和掌握都是通过模仿学习而来的。在进行羽毛球技术动作的学习时,以直观为主的模仿性学习方法,易使学生理解体育动作的学习过程和要领。

在羽毛球教学中,应让学生理解和掌握动作技能的要领与特征,这是模仿性学习方法能否成功实施的关键。在刚开始进行学习时,应明确基本动作要领,精细动作要领以后再进行讲解。模仿性学习法是体育学习的基本方法,其能够有效推动学生技能的掌握。但是,这一方法也具有一定的不足之处,这一学习法注重模仿,长期运用会使得学生探求和迁移学习的能力降低。

在羽毛球教学过程中,模仿性学习方法的教学安排,有以下两方面可供参考。

其一,在相应的羽毛球技术动作学习初期,进行技术动作的示范时,先讲解粗大的动作要领后讲解精细的动作要领。各个阶段的动作示范应有所侧重。学生初步掌握相应的技能之后,再对动作技能要点进行详细分析。

其二,在开展羽毛球教学时,应根据技术动作的难度和结构对其采用不同的教学方法,分解教学与完整教学结合使用,便于学生对技术动作进行模仿。

(三)抽象概括学习法

抽象概括学习法是一种重要的学习方法。在进行学习时,应遵循从形象思维逐步过渡到抽象思维的认知规律。学生理解和掌握体育知识和技能,是概念认知、感觉认知、思维加工的运动形式。在进行羽毛球教学时,教师应努力使学生明确动作之间的相似之处,及时纠正学习中的错误。

针对抽象概括学习方法的教学安排,如果羽毛球教师注意到下列因素,学生学习就可能产生良好的效果。

其一,在完成相应的动作时,已受到以往经验的影响。为了促进学生的学习,应帮助学生对现在的学习状况和过去的学习经历加以分析总结,使得学生自我实施抽象概括学习方法。

其二,应注重动作之间的迁移,激发学生的抽象概括思维。

(四)解决问题学习法

交流与探究学习是重要的学习方法,解决问题的学习包括两个方面:其一,学生依靠内部信息的反馈来进行学习;其二,学生依靠教师和同伴的信息反馈来进行学习。

在羽毛球教学中,解决问题学习方法的教学安排,有以下具体实施的方法可供参考。

(1)分析学习策略法。为了提高学习的成效,教师应让学生了解学习的具体步骤,使得学生根据羽毛球教学的内容来制定相应的学习策略。

(2)学习成果分享法。为了促进学生的学习和成长,羽毛球教师应积极组织和引导学生之间进行交流与分享,促进彼此之间的学习和提高。

(3)同伴合作辅导法。传播学理论认为,他人的思想和行为对自身的行为和思想具有重要的影响,尤其是在群体中,这一影响更为明显。在羽毛球教学中,应促进同伴之间的合作与学习,促进学习效果的提高。

(五)逻辑推理学习法

逻辑推理法是一种重要的学习方法,通过进行逻辑推理,学生能够发现已知和未知之间的差异或矛盾,因此从抽象思维上升到具体思维活动获得新知识。

在羽毛球教学中,应注意以下两方面因素。

其一,教师应注重学生对运动技能学习进行总结和概括的能力,帮助学生进行逻辑推理学习。

其二,在开展羽毛球课时,应注重确立切合的教学目标,并应注重促进学生理解技能和领会要领知识,在此基础上开展教学。

(六)总结领会学习法

总结领会法在羽毛球教学中的应用表现在如下两个方面:其一,促使初步理解的羽毛球知识和技能不断扩大加深,使不大熟练的技能趋于纯熟,促进知识结构化;其二,回顾学习了一个阶段之后所取得的经验,思考今后如何开展学习。

在羽毛球学习时,这一学习方法能够使得学生形成"正确"的思维,可使羽毛球学习活动从低级思维过渡到高级思维,学会如何去学习。在羽毛球教学中,应从以下几个方面对学生的学习进行指导。

第一,应促使学生养成良好的学习状态,应促进学生良好的学习习惯的培养,促进其在学习时集中注意力。

第二,促进学生积极进行自主学习和课前预习,使学生掌握相应的学习规律,提高学习的效率。

第三,对学生学习的方法、策略进行指导,提高学习的效率,掌握学习主动权。

第二节　羽毛球教学方法的选择与运用

一、羽毛球教学中教法的选择与运用

在开展羽毛球教学时,应注重教学方法的选择与运用,促进教学效率的提高。在教学方法选择与运用时,教师的思想和认识对其具有重要的影响。不同的教师其教学理念和教学思想不同,所采用的教学方法也会不同。

（一）教师思想行为对体育教学方法的选择与运用

教学方法能够对学生施加相应的影响,引导学生掌握相应的与羽毛球相关的知识和技能,促进其认知能力的发展。在开展羽毛球教学中,师生之间需要进行相应的互动,教师的行为是相应的教学方法得以运转的推动力,教师也是相应的教学方法的采用者,其对学生的学法施加相应的影响。

教学方法是由教师的教学思想决定的,如果教师没有形成正确的教学思想行为标准,则其教学方法的选择和采用就会显得刻板、机械,没有创新可言,难以符合羽毛球教学的现实要求。因此,在羽毛球教学中,要想使得学生积极投入学习,教师肩负着很大的

责任,其应树立良好的思想意识,不断促进自身水平的发展。总而言之,教师的教学思想是影响教学方法选择与运用的最直接因素。

教师应具备良好的职业特征和教学思想,积极促进教学方法的科学实施。具体而言,教师应具备良好的职业思想品质和业务水平。职业道德品质即为教师要具有良好的职业道德,肩负起作为一个教师的重大责任,对学生积极负责,保持良好的态度,对教学保持较高的热情。同时,教师还应具备良好的业务水平,教师应具备扎实深厚的专业知识水平,具备良好的教学能力。职业思想品质是指教师的教育价值取向、知识结构状况等;业务水平主要是指教师的教育理论水平和教学技能。

在羽毛球教学中,教师应建构起有利于学生进行学习的教法,明确教法、学法和学习过程之间的基本结构。在教学过程中,教师的思想行为可转化为十种具体的行为类别,即陈述、指导、展示、提问、反馈、管理、观察、倾听、反思以及评价(表 4-2)。[①] 在羽毛球教学中,教师应建立相应的教法体系,在进行教学时,根据实际情况灵活采用各种教学方法。

表 4-2 教师课堂教学行为与教法选用

教学类别	教学特点	教学指向	教学方法	行为要求
理论陈述	教师为中心	传递信息	讲解法 问答法 讨论法	清晰语言表示
技能指导	学生为中心	技能学习	分解练习 完整练习 循环练习	恰当、有效
技能展示	教师为中心	加强感知	示范法 演示法 模仿法 保护与帮助法	多感官支持

---

① 张振华. 体育教学理论与方法 [M]. 北京:北京师范大学出版社,2016.

续表

教学类别	教学特点	教学指向	教学方法	行为要求
讨论提问	师生互动	启发思维	发案法 问题探究法 合作法	恰当设计问题
学习反馈	学生为中心	提供信息	个人成果展示法 分组成果展示法	合作、共享、共进
教学管理	教师为中心	促进发展	说服法 榜样法 评比法 表扬法 批评法 奖惩法	讲究方式技巧
观察指导	教师为中心	促进学习	反馈法 保护与帮助法 榜样法 评比法 表扬法	准确、客观、鼓励
教学倾听	学生为中心	激发渲染	游戏法 比赛法 情境法	多样化、多层次
反思行为	教师为中心	改进教学	评价法	及时、客观
评价行为	学生为中心	促进学习	评价法 榜样法 考核法 表扬法	全面、客观

　　总而言之,教法是教师思想和行为的重要反映,而教学行为则是教法的具体表现。教法实践成功的背后,都依赖于教师自身的素质,以及其所具备的学科理论和思想。

羽毛球教师是各种教法的实施者,其自身的素质对于教学活动的效果具有重要的影响。羽毛球教师如果能力和素质有限,则其将不能发挥相应教法的作用,从而对教学活动产生消极的影响。羽毛球教师应对自身的专业素养、能力水平以及教法特点有着客观的理解。在教学过程中,教师应掌握多种教法,根据实际情况来采用不同的教法。教师应加强对自身素质教学风格的认知,并通过积极的学习增强自身的素质,尝试和掌握更多的教学方法。在教学过程中,教师应注重教学方法的科学性、艺术性和综合性的结合,形成良好的教学方法模式,并且要灵活进行变通。

(二)体育教学方法的运用与组织

在羽毛球教学中,教师的教学行为要符合学生的认知科学规律,教学认知量要与学生的短时记忆、中时记忆和长时记忆的编码科学相结合。应建立开展教学的课堂氛围,使得学生充分参与其中,乐于去学习,促进学生思考能力、解决问题的能力等方面得到有效的发展。教师的教学行为应注意以下两个方面:其一,变化羽毛球教学环境,促进教学与学生的能力和学习技能相适应;其二,变化羽毛球教学的策略,对学生的学习技能进行科学认知。

通过对羽毛球教学的研究发现,传统的教学方法组织与运用注重教师的"教",而往往忽视与之相配套的学生的学习方法。因此,教学方法的选择与运用过程中,要注重学生的学习和理解。有效的教学应为不同水平的学生设计相应的变量,积极促进不同的学生的学习参与。在教学中应充分衔接"以理解为中心"教学流程与"为会学而设计"的有效教学策略。有学者认为,衡量教师教学思想行为的准绳,是教育研究者们借助科学理论研究在抽象实践中制定出来的标准(表4-3)。[①]

———————————

① 张振华. 体育教学理论与方法[M]. 北京:北京师范大学出版社,2016.

表 4-3 不同体育教学方法情境的取向

方法	语言性教学法	感知性教学法	练习性教学法	情境活动性教学法	探究活动性教学法	品德教育与发展个性法
解决哪些任务效果最好	引起学习注意,唤起兴趣和动机,聚焦学习任务,激活记忆联结	调动多种感官的识记,促进形象思维表象与抽象思维表象结合	组块学习编码,促进表象加工,强化动作技能形成,提高技能质量	复现知识多维面孔,贯穿学习的快乐。检验知识技能,促进学习迁移与应用	推动直觉思维的低级记忆,生长发散性思维的高级记忆	运用榜样力量,采用激励技巧,营造积极情境,渗透品德教育与个性发展于各环节
适用学生类型	中高年级	低中高年级	低中高年级	低中高年级	中高年级	低中高年级
教学服务指向	教学初期过程	教学初中期过程	全部教学过程	全部教学过程	教学初中后期过程	全部教学过程
局限性	过多运用影响动作技能的练习密度和次数	物体特征的刺激,制约信息的唤醒度	频繁的练习易产生枯燥性,丢失学习兴趣	只有符合学习目标的运用才是有效的	过多运用影响动作技能的形成与掌握	过多运用,容易让学生反感

相应的羽毛球教学实践指出,上述这些标准总是应用于相应的教学情境,只有把握了相应的情境特征,才能够更好地利用这些标准。另外,在进行教学方法的选择与运用时,应紧跟时代潮流,注重教学方法的创新,推动羽毛球教学的不断发展。在教学中,教师要做到"教学有法,但无定法"。既然"有法",那也就意味着"法"掌握的多少决定着量变到质变的飞跃,要求教师高质量掌握这些方法;而"无定法",要求教师能对教学方法充分理解,在"有法"的基础上实现创新发展(表 4-4)。如果教师不能掌握教法的全貌,则难以熟练支配自身的教学行为。①

---

① 张振华.体育教学理论与方法[M].北京:北京师范大学出版社,2016.

表 4-4　运动技能形成四个阶段教学方法运用的分析

教学阶段	初步学习阶段	改进提高阶段	掌握与完善阶段	运动技能阶段
教师教学主导性	强——以教为主	辅助——指导质疑	弱——学习总结	很弱——点拨领悟
学生学习主体性	接受	主体学习生发	意义学习构建	自学自悟
教学方式	感性描述与形象描绘,使学生理解学习内容	组合归纳利用已有经验新旧知识感知产生意义学习建构	学习经验交流内外反馈结合自我总结	点评感悟经验总结
教学方法	讲解与直观教学法分解与完整教学法情境教学法口诀强化法	正误比较法重复练习法增大与降低条件法游戏法竞赛法	迁移法个别指导法成果展示法扩展变式练习法	情境应用法竞赛法自主学习法

通过上述分析和讨论,我们认为,体育教学方法的运用,有以下关系需要把握。

(1)在教学过程中,如果教师所设计的教学情境或提出的相应学习材料符合学生的认知性,则学生能够产生相应的学习动机;反之,如果其与学生的认知性不符,则学生的学习状态就会不良。学习不是突然发生的,而是通过一系列细小的步骤按顺序达到的。学生学习过程存在由低级到高级的认知水平状态,在学生的学习方式上,表现出不同的特征制约着学习的质量和效果。在教学方法的选择与运用过程中,应以学生的认知水平状态为依据。

(2)学生学习的过程可以被视为信息和知识建构的过程,在这一过程中,学生信息接收的通道是由低级记忆向高级记忆建构的。因此,羽毛球教学方法的运用存在以下序列递进关系:输入、编码、储存、提取、输出。羽毛球学习时,这一理论为教学方法的选择与运用提供了科学的依据。

（3）技能迁移规律认为，当两种技能具有相同因素时，一种技能的变化可增进另一种技能的变化。在羽毛球教学中，教学方法选用的策略上，应注意知识之间内在个性特征相互迁移的关系。

（4）羽毛球教学方法的运用，存有上下过渡连接的关系。在羽毛球教学中教学目标并不是孤立的，它是多种目标的综合，而每一单元、每一堂课目标的侧重点是不同的。应注重教学目标之间的联系。教师在知识讲解策略上，必须注重知识与知识之间上下建构的联系，在教学过程中，教师应帮助学生把新旧知识联系起来。

（5）以整体观来看，教学方法具有多样化的特点，并且随着教学理论的不断发展，其体系也在不断发展和完善。不同的教学方法具有不同的特点，适应于不同的教学情境。任何教学方法都不是放之四海而皆准的，都有其相应的使用范围。一种教学方法可能在某一情境下是最优的，但是其在另一个情境下效率可能较为低下。因此，在开展羽毛球教学中，应注重教学的整体观：一方面，应明确各种教学方法的优势和局限性；另一方面，应明确与教法相对应的学法，使得教法与学法相适应。在羽毛球教学中，应以一种教法为主导，同时结合其他学的方法，促进教学的科学化发展。

（6）现代教学方法不仅注重引导学生知识的学习和积累，更加注重为学习而设计教法。在开展教学过程中，任何教学方法的选择都注重将学生学习的积极性充分调动起来。如果忽视了这一方面，则教学行为是不可取的。

学生处于不同的年龄阶段，则其身心发展过程也有其阶段性的特点。对于大学生而言，大一学生和大四的学生其身心发展特点会表现出鲜明的差异性。另外，男女性别上的差异性也会导致其对于体育的态度的不同，因此，应采取合适的方法，充分调动学生学习的积极性。学生的经验和知识储备以及其相应的学习能力也是教师选择不同教学方法的重要依据。对于知识储备量较为丰富,已经掌握了基础的知识技能,并且学习能力较强的学生,其在学习新的体育技能时能够更快、更好地掌握相应的技能。此时,教师可采用相应的方法促进学生的技能水平向着更高的水平发展。

二、羽毛球教学中学法的选择与运用

对羽毛球学法的选择与运用,可从学习过程的指导、学习方法的指导两部分着手建构。羽毛球教学实践表明,通过这一方式能够突出教学的目的性,使得学生能够掌握羽毛球知识和技能;另一方面,还能够体现教学的主体性,使得学生能够领悟学会学习的方法。

从心理学来看,学生学习的主动性主要受到学习环境的情境适配与知识意义的建构这两方面的影响。在学习过程中,学生学习内容策略设计和环境策略设计应相互匹配。建构主义学习理论认为,情境、协作、对话和意义建构这四方面是学习的重要支柱。因此,学生在学习时,不仅靠智商,还要靠情商。在进行羽毛球学习时,学法设计应在以下方面下工夫。

(一)从学习内容的设计着手

其一,学习内容的深度、难度与学习活动适配性的安排。指想完成什么学习任务,达成什么教学目标。

其二,学习活动内容的顺序性和进度性的安排。场地、时间、器材等能否符合学生的学习要求,达成有效学习的展开。

其三,学习活动的差异性的设计安排。是否具有多元性、多样性、多层性等知识意义建构的发生,是否符合不同学生的能力、条件、性格,达成有效学习的展开。

其四,学习活动的行动和效果的设计安排。要能够引起学生之间、师生之间的互动,促进合作学习的开展;还应促进注重学生成绩的考察和奖励,即达成懂、会、乐。通过这种方式来感染、引发、激励学生的学习情感,从而使其产生良好的自主学习行为,保障学习活动持续深入。

（二）从学习内容的方式着手

学习活动具有个性化特点,在教学过程中,教学内容和教学活动不同,则学习方式也会不同。因此,适应学生学习特点的学习方法才是好的学法。在羽毛球教学中,有以下学习方式供参考借鉴。

1. 从求知需要的满足中求乐

在教学过程中,学生如果对所学材料保持良好的兴趣,则其学习效果就会更好。因此,应增强羽毛球教学内容的趣味性,满足学生的多方面需求,促进学生在学习过程中产生快乐的情绪,推动学习效率的提高。

2. 从成功需要的满足中求乐

很多学者认为,成功所带来的欢乐是一种重要的情绪力量,其能够有效的激励人们去学习。因此,在教学中,应注重让学生充分体验成功带来的快乐。在羽毛球教学中,教师应采取多种措施来使得学生尽可能创设获得成功体验的机会,改变传统教学方法,把学习与创设成功相联系。

3. 从建树需要的满足中求乐

所谓建树需要,就是学生把所学习的体育知识和技能灵活运用到实际环境中去。在羽毛球教学中,教师应通过开展各种活动来为学生创造相应的条件,促进学生积极参与羽毛球学习,充分体会羽毛球运动的乐趣,获得运动的满足。在开展羽毛球教学中,教师应注重学生的情感体验,积极挖掘学习内容的快乐性,以及方法和手段的艺术性,促进知识本身对于学生的吸引力。

4. 从活动的形式中求乐

游戏法和竞赛法等有着丰富的内容,形式灵活多样,具有情节性、趣味性和竞赛性等方面的特点,是体育教学的重要手段、方法和形式。在开展羽毛球教学中,应注重科学运用体育游戏、竞赛法等扩展练习变式来提高学生的兴奋性,使得学生在良好的心理状态下进行学习,促进学生学习的主动性、积极性,促进学生积极自愿地参加体育游戏活动,掌握自己所喜爱的运动项目的技术技能。

(三)从学习过程的指导着手

随着经济社会的发展,对于人们的能力要求在不断提高,并且需要人们不断学习新的知识和技能,促进自身的不断发展进步。因此,现代社会,人们要学会学习,掌握独立学习的方法,这比单纯掌握知识重要的多。在羽毛球教学中,教学策略制定应注重形成学生学会学习的方法。

1. 学习的阶段

事物发展过程中,都会有一定的发展阶段。指导学生学会学习,需经由自身的习得和后天的教化两个阶段。其实现需要两个基本条件,一是外显学习(形成经验),二是内隐学习(养成学习习惯)。

(1)外显学习

外显学习即为通过不同学习条件的习得与运用,完成知识的实践—认识—再实践—再认识,促进认识的不断深化发展。教师要遵循由量变到质变的规律完成这一循环和认识。分阶段设计不同的环境和条件,逐段策划学生在实践学习中运用知识、经验和智慧,形成学会学习的方法。

(2)内隐学习

人类不仅能够模仿,还具有抽象反思、自我能动改造世界的属性。因而,可通过意向性学习的能动建构,缩短自然学习的时间,进入飞跃阶段。学生通过自我意向性学习的总结与领会,可促进其掌握学会学习的方法,步入内隐学习阶段。内隐学习阶段,学生的学习较少受到外界环境的干扰,养成良好的学习习惯,可自主自觉地监控自己的学习。在羽毛球教学中,指导学习过程的学法组织与运用,有以下学法供选择(表4-5)。[①]

表 4-5　体育学法的教学设计

方法/活动	全班	小组	个人
教学方式	接受式教学/活动式教学相结合 发现式教学/能力式教学相结合	统一指导法/多元指导法相结合 统一学习法/合作学习法相结合	统一任务学习/学习策略相结合 统一作业教学/个别化作业相结合
学习活动	统一进度学习/分层学习相结合	教为中心/学为中心相结合	统一技能练习/差异练习辅导相结合 集体练习过程/个性练习过程相结合

2. 羽毛球教学的学法教学方式的设计特点

羽毛球教学中,在学法教学方式的设计上要体现出以下特点。

(1)交往性

在教学过程中,师生互动、生生互动等多向交往教学方式的学习效果最好。在进行学法的方式设计时,既要重视学生自身学习信息的获得,也要考虑学生之间的沟通与交往,促进自身学习的不断优化。

(2)多层性

学生的学习能力具有一定的差异性,因此在教学中应坚持因材施教。学生的学习类型和认知风格不同,在教学中应根据学生

---

① 张振华. 体育教学理论与方法[M]. 北京:北京师范大学出版社,2016.

的特点来开展教学,促进有意义学习的发生。因此,学法的方式设计必须面向学生的差别,施以多层的个性化学习选择。让不同的学生都能得到学习的收获和满足。

(3)信息性

学法的方式组成既要有间接的接受式学习方式,也要有直接的发现式学习方式,还要有独立的自主发现式学习方式才是可为的。因而,学习的过程不仅有老师教学生学的过程,也要有学生之间的合作学习过程,还要有学生自主学习的领会过程才是可为的。学校面临的主要任务,首先是教会孩子学习。通过使学生掌握具体的学习方法就能够转化为一定的学习能力。既提高学生学习的积极性和科学性,又能达到促进学生举一反三的目的。

3. 指导学习过程的学法运用与安排

学习需要、动机、兴趣、毅力、情绪等非智力因素的指导,主要是解决学习目的和学习动力问题;学习过程各环节及其方法的指导,主要解决学习方法问题;学习能力的指导,主要解决学习习惯的问题。因而,我们认为指导羽毛球学习过程的学法运用与安排应注意以下几个方面。

(1)解决学习目的和学习动力有以下方式

在开展羽毛球教学中,应注重提高学习的元认识。教师和学生应明确学会学习的意义、特点与策略,这样才能够建立学会学习的认知与方法。从心理学来看,人的行为受到意识的影响。在羽毛球学习时,学习策略可以被认为是一种学习技巧、学习习惯和学习情感体验的养成,它是内化学生学会学习的基础。

(2)解决学习方法的选择与运用有以下方式

其一,在开展羽毛球教学中,应注重建立相应的学习策略。在羽毛球学习时,根据学习内容的特点正确选择和使用学习方法,建立学习策略至关重要。如果学习方法与学生的心理特点和学习内容不匹配,则学习目的就难以实现。

其二,在开展羽毛球教学中,应学会评价学习策略。相关研究指出,建立学习策略是低水平的认知策略,只有学会对自己学习的活动进行评价和监控,主动调节影响与制约自我学习活动的相关因素,才是真正的学会学习。学生能够学会评价和监控自己的学习进程,则能够促进自身的更好发展。

(3)解决学习能力的运用方式

羽毛球学习过程中,学生应学会进行比较总结。学生通过对自己学习经验进行总结,就能了解自身学习的优点和不足之处,逐步提高自己的学习能力和水平,进行学会学习,形成学习策略。在学习过程中,可通过与他人进行学习方法的交流取长补短,做到有自知之明,提高自主学习的自觉性,形成适合于自己的学习特点。

第三节　羽毛球教学方法的创新

一、羽毛球教学方法创新的概述

(一)羽毛球教学方法创新的理论基础

羽毛球教学方法是不断发展变化的,并且发展到现在,教学活动对于教学方法的要求更高,教学方法的发展和革新方面的要求更加迫切。

(1)随着社会的发展,对人才质量的要求越来越高,由片面地掌握书本知识到掌握理论与实践统一的全面知识,由掌握知识到发展智能,由限于学习到创造性的培养等。这种对人才培养任务的变化,势必要求教学方法做出相应的变革。

(2)在现代科学技术迅速发展的条件下,人类积累的知识量越来越大,知识更新的速度越来越快,科学内容出现高度分化和高度综合的趋势,因此使教学时间与教学内容的矛盾越来越尖锐。要解决这一矛盾，除了进行教学内容的精选和改革，还必须不断提高教学方法的效率。为了与时代的发展相适应，促进学生不断增长的体育需求的满足，羽毛球教学的内容也在不断改革与发展，这也直接促进了羽毛球教学方法的变革。例如，随着定向运动和野外生存运动引入到羽毛球教学之中，使得羽毛球教学活动的野外组织和教学方法得到了更加深入的开发。

（3）科学技术手段的发展，必然促进教学手段的更新，这就不仅为教学方法的改革提出了新的要求，而且为教学方法的改革提供了新的可能，包括电教手段、电子计算机和新的仪器设备等。随着科学技术的迅速发展，人们的生活水平不断提高，生活质量得到了很大程度的优化。而且，科技的进步在羽毛球教学领域也发挥了积极的影响，具体表现在其对羽毛球教学方法产生的深远影响。随着计算机技术的快速发展，其在羽毛球教学中的普及性也在逐步提高，这就促进了羽毛球教学中动作示范标准程度与科学程度的提高。而且，科技的进步使得资料的搜集、整合更加便捷，学生在学习空间和时间方面受到的限制逐渐降低，实时的信息沟通逐步实现。通过运用计算机进行动作示范，可以从不同的侧面，以不同的速度，对不同部位的动作进行细致地分析和研究，使传统的讲解示范等方法更好地发挥自身的作用。

（4）教育与教学理论上的发展与突破，必然推动教学方法的发展，一方面它为教学方法的发展和变革提供了新的理论基础，一方面它又总是力图通过创立某种新的教学方法具体体现出来。羽毛球教学理论的发展对于羽毛球教学方法的创新与进步具有积极的影响。在新的羽毛球教学理论的科学指导下，羽毛球教学方法的发展和创新速度逐步提高。在传统羽毛球教学过程中，对于运动技能的分析还不是很深入，并且针对项目的教学所采用的教学方法较为固定，甚至不同运动项目的教学中都采用同样的教学方法。

教学方法的改革需要理论的指导。指导教学方法改革的理论主要有两个方面，其一是教学理论及其相关学科的理论，包括教学方法的理论。一定的教学方法总是在一定的教学理论的指导下经过实践而形成的,不论是历史上的还是现行的教学方法,都有其教学理论或教学思想的背景。其二是有关教学改革策略的理论,包括改革的目标、途径、方法、步骤、组织、控制等方面。教学理论,尤其是有关教学方法的理论,是决定教学方法改革的方向及实质性内容的理论依据,而采取正确的改革策略,是保证改革健康发展的重要条件。根据我国历次教学改革的经验教训,这两者是缺一不可的。

(二)羽毛球教学方法的创新发展趋势

1. 现代化趋势

在羽毛球教学发展的过程中,羽毛球教学的现代化趋势非常明显,其重要的表现之一就是教学设备的现代化,通过采用先进的技术手段,使得教师能够更容易开展教学活动,学生能够更好地学习。通过先进的现代化设备,教师能充分了解学生身体发展的状况,能根据其发展特点和实际情况合理制定运动训练的负荷量。在教学管理方面,能够结合当前实际为学生提供更加便捷的服务。随着现代社会的发展,羽毛球教学的各项技术也在逐渐发展着,教学方法也必然呈现出现代化的发展趋势。

2. 心理学化趋势

体育学习是一项复杂的心理过程,学生进行体育学习既要涉及到相应知识的记忆,同时还有动作技术的记忆。随着现代心理学研究的不断发展,学习过程的各个方面被人们所认识,心理学中的相关理论逐渐受到人们的重视。在羽毛球教学方法发展的过程中,很多心理学的研究成果被大量地应用其中,这极大地促进了教学质量的提高。另外,羽毛球教学的一个重要的目的是培养和发展学生的良好意志品质、促进其心理健康,而通过心理学理论的运用,能很好地实现这一目的,由此可见,羽毛球教学方法也呈现出心理学化的趋势。

3. 个性化与民主化趋势

羽毛球教学方法的个性化和民主化是其发展的主要趋势之一。在传统的教学过程中，教师是教学的主体，在教学过程中具有很强的统一性，教师的教学活动忽视了学生个体之间的差异性。但随着羽毛球教学改革的进行，学生的个性发展受到重视，羽毛球教学方法的发展也呈现出个性化发展的趋势。个性化的教学方法改革和创新对于学生和社会的发展均具有重要的意义。

除此之外，羽毛球教学的民主化也是大势所趋。随着教学过程中民主意识的崛起，民主化的羽毛球教学方法也得到了大力的发展。

二、羽毛球教学的方法创新

（一）探究教学法

在羽毛球教学过程中，引导学生发现问题、分析问题，最终解决问题，使学生在探索、研究的过程中对知识和技能进行掌握的教学方法就是所谓的探究教学法。

探究教学法与现代教学教育理论对学生的要求更相符，也是新体育课程强调学生主体性理念的重要表现，因此在羽毛球教学中日益受到教师与学生的高度重视。

运用探究教学法应注意以下几点。

（1）目的明确。教师在教学时应预先对研究计划进行确立，以便促进羽毛球教学目标的顺利实现。目的不明确、与教学实际不符的探究活动不仅会造成时间的浪费，还会对课程目标的实现造成妨碍。

（2）与学生的知识水平相符。教师的教学必须以学生实际的知识能力水平为前提，教学内容太简单对于学生学习兴趣的激发是无益的;教学内容太难会使学生失去学习兴趣与信心。因此体育教师在教学前很有必要对学生基础知识的掌握能力以及技能水平进行了解,引导学生进行力所能及的探究。

(3)在教学过程中,针对学生经过努力仍然有一定解决难度的探究性问题,教师应加强对学生的引导、启发与鼓励,但不能代替学生进行探究活动。

(二)合作学习法

合作学习法指,"在教学过程中,对学生进行相应的分组,学生为了完成共同的学习任务,而有明确责任分工的互助性学习形式。"各小组成员根据自身特点承担相应的责任,各成员之间是相互依赖的关系,在相互协作中,完成相应的任务。在羽毛球教学中,应用该方法应遵循以下几个步骤。

(1)在教师的引导下,学生结成相应的小组。

(2)全体成员在教师的指导下,根据教学内容确定相应的教学目标。

(3)确定各学习小组的研究课题,并对各小组成员之间的分工进行明确。

(4)小组成员合作学习,围绕相应的主体完成自身的任务,从而实现小组任务目标。

(5)各小组进行一定的学习和交流,分享相应的成果,并纠正自身的不足。

(6)对学习的过程进行评价,总结经验和得失,促进下次学习更好地开展。

(三)发现式教学法

发现法亦称"发现教学"或"发现学习",系学生运用教师提供的按发现过程编制的教材或材料进行"再发现",以掌握知识并发展创造性思维与发现能力的一种教学模式或教学方法。具有通过发现过程进行学习和在学习过程中进行发现方法的双重含义。

实质上是一种具有较高程度的独立学习的方法。有学者将其定义为:从"青少年学生的好奇、好动等心理特点出发,以发展学生的创造性思维为目标,以解决问题为中心,以机构化的教材为内容,使学生通过再发现进行学习的方法。"

在羽毛球教学过程中,运用发现式教学方法要遵循以下几方面的步骤。首先,提出相应的问题,或是设立相应的学习情境,使得学生面临相应的问题和困难时,在教师的引导下进行相应的探索;其次,通过进行相应的练习,初步掌握技术动作的原理和方法;再次,通过分组讨论,提出相应的假设,进行相应的实践验证,并对提出的问题进行讨论,最后得到共同的结论。

采用发现式教学法时,应注意以下几方面的问题。

(1)教师要善于提出相应的问题和创设相应的情境,要充分调动和激发学生的积极性,激发学生学习的兴趣。

(2)教师提出的问题应适应学生的能力水平,使学生能够根据已有的知识和经验,并通过一定的探索得到相应的答案。

(3)要注重抓住教学的重点,引导学生对于重点问题进行积极地思考,并找出解决问题的方法,启迪学生的创造性思维。

(4)采用这种方法时,应注重由浅入深、由抽象到具体,使得学习过程符合人们的认知规律。

(四)自主学习法

为了实现相应的教学目标,在教师的引导下,学生依据自身的需要和条件制定相应的目标,选择相应的教学内容,并通过独立地分析、探索、实践、质疑、创造等方法来进行学习的方法。自主学习能够充分发挥学生的主观能动性。

在羽毛球教学中,自主学习法指的是为了实现羽毛球教学目标,学生在体育教师的指导下,依据自身的需要和条件制定目标、选择内容等学习步骤,完成学习目标的一种体育学习模式。自主有独立性、能动性和创造性等特点,有利于激发学生学习体育的积极性,培养学生的体育自主学习能力,确立学生在体育学习中的主体地位,提高羽毛球教学的学习效果。

在羽毛球教学过程中,采用这种方法时应注意以下两方面问题。

(1)学生应根据自身的知识储备和能力水平,选择相应的目标和学习内容,并在教师的引导下进行。

(2)学生应根据自身情况,对照学习目标,积极进行自我调控,并及时改进教学方法和教学策略。

(五)念动训练教学法

1. 念动训练教学法概述

念动训练教学法又称表象训练教学法、想象训练教学法和意象演习。实际上也是模拟练习的一种形式。是通过词语唤起对一种动作过程的紧张想象,并借助表象进行动作演练的方法。

念动训练教学法对改进动作过程和加速学习过程所起的作用已被试验证明效果很好。学生有意识地、系统地在头脑中重复再现原已形成的运动动作(表象),这种内部重复演练动作的训练过程,能唤起神经生理反应,使表象过程中相应动作部位产生肌电活动。这些效应有利于建立和巩固正确动作的动力定型,从而有助于加快动作的熟练和加深对动作的记忆。念动训练教学可细分为三种形式。

(1)自我暗示

自言自语地训练自己说出有关动作的过程。它适用于简单动作的教学和复杂动作教学的初学阶段。如原地推铅球、立定三级跳和分解技术练习等,可作为念动训练教学的启蒙练习,以此提高学生的想象能力。

(2)用念动法加深感觉训练

观察他人练习时的想象动作过程,适合于完整技术教学。当技能学习进入分化阶段时,头脑中基本能建立比较清晰的正确动作的运动表象,并能较好地与实际动作过程结合。通过对他人动作的观察之后,能想象出具体的动作要素和要求,在练习中能有效地控制自己技术动作的某些环节。

(3)用意念法去意识运动训练

自己能独立想象,常用于巩固阶段的教学。这种意念训练教学对改进和巩固技术动作,提高运动技术的稳定性、综合性,建立正确动作的定型有明显的作用。

以上三种形式虽然有各自的特点和作用,但它们之间却是互相有机联系的整体,这就组成了念动训练教学法。

2. 运用念动训练教学法应注意的几点

(1)唤起运动表象可以由自我暗示(念)也可由别人暗示(念)

这种关键动作信号的词语,能代替各种具体事物,可以唤起那个具体事物作为条件刺激物时建立的条件反射(动)。因此,教学中的暗示要注意发挥学生(自我)和教师的(双方)作用。

(2)使动作过程口语化

把动作过程及要求简化为简单的词语,有助于学生默念(自我暗示),并唤起动作的运动表象。

(3)注意与训练紧密结合

想象的运动表象只有同实际动作练习紧密结合、反复练习,才能使正确的运动表象转变成正确的运动技能。因此,在念动训练教学中:一要注意想象后要立即转入实际练习,即在头脑中运动表象清晰的状态下进行练习,有利于对动作过程的控制和建立;二要注意想象与动作练习的重复性,只有不断地重复强化,才能逐步减小理想模式与实际水平的差距。

(4)培养学生的想象能力

不管采用念动训练教学的哪种方式,重要的是学生能否在头脑里清晰地重现和感觉自己做出要做的技术动作或反应,只有具备生动的想象力的学生才能有效地进行念动训练。因为学生的想象,如果已经达到能集中描述动作的程度时,参与想象的有关肌群才会产生微弱的神经冲动,加之不断强化,则可使学生的学习产生效果。

（5）念动训练教学的效果与动作体验和年龄有关

据试验分析，12岁以前的少年儿童采用念动训练教学方法很少有效果，而对有一定水平的高年级学生，特别是高中生和大学生却有一定的效果。这说明念动训练教学的效果取决于两个前提：一是技能的熟练程度；二是想象能力。因此，羽毛球教学运用念动训练教学要考虑教学对象的实际情况，不可盲目运用。

（六）成功教学法

所谓成功教学法就是要在教学过程中使得学生产生成功的体验，从而激发其学习的积极性，树立良好的自信心，对其健康成长具有积极的意义。

在传统的教学理念中，只有得到最高的分，才算是成功。这就使得只有少数人能够体会到成功，大部分学生的学习积极性受到影响。成功教学法认为，在羽毛球教学过程中，应保证学生具有更多的时间去体验和学习，教师应创造更多的机会让学生去体验成功。

在教学目标的创设方面，应更加合理，学生通过努力学习就能够达成目标，为学生提供更多的展现自身个性的机会，使学生有更多的机会来体验快乐。例如，在教学过程中，可以对完成动作最为标准的学生提出表扬，也可以对学习态度良好，提出疑问的学生提出表扬，还可以对意志品质良好的学生进行肯定，还可以对成长进步较快的学生进行肯定，使得学生能够获得成就感，更加积极努力的学习。

需要注意的是，在羽毛球教学中，成功教学法虽然要求对学生进行积极的表扬，但是如果只表扬不批评，则也不利于学生的学习和成长。因此，在教学过程中，应赏罚分明，不能只要表扬不要批评，不能只有亲切没有严肃，不能只有服务没有教育。应通过合理的奖惩来达到相应的教学目的。

第五章　羽毛球课程教学设计的研究与探讨

羽毛球作为学校体育课程教学的重要内容,其课程教学设计也应同体育课程教学设计的基本原理和知识相符合。本章就羽毛球课程教学设计进行研究和探讨,内容包括羽毛球课程教学设计的基本知识、教学目标设计、教学策略设计、教学环境设计、教学方案设计和教学评价设计。

第一节　羽毛球课程教学设计概述

一、羽毛球课程教学设计的概念

根据体育教学设计概念可知,羽毛球课程教学设计的概念就是以羽毛球专业理论以及体育传播理论、学习理论、教学媒体理论等相关理论和技术作为基础,采用系统方法来对羽毛球课程教学问题进行分析,来对羽毛球课程教学的目标进行确定,并针对问题设计相关的解决策略、试行方案、评价结果以及对方案进行修改的一系列系统化计划过程。

二、羽毛球课程教学设计的特点

（一）科学性

羽毛球课程教学设计是一门科学,其学科基础包括人体生理学、人体解剖学、体育心理学、运动生物化学、体育保健学、体育教学论等体育专业中的众多学科理论,在教学媒体理论、传播理论和评价理论的科学指导下,对教与学中的客观规律予以遵循,对学生的兴趣和爱好进行充分考虑,对学生的个性进行培养,构建一个科学、合理的羽毛球课程教学目标、教学方法、教学内容的策略体系,通过对系统方法的科学运用,来更好地分析和策划各羽毛球课程教学要素及其关系。

(二)具体性

羽毛球课程教学设计的目的就是为了更好地将当前羽毛球课程教学过程中存在的问题进行解决,所以羽毛球课程教学设计的任何一步安排都要做到具体问题具体分析。

例如,在分析某一学期对于羽毛球运动技术的学习时,体育教师必须要针对羽毛球项目所包含的概念、规则、特征等进行仔细剖析,并在此基础上,对具体的教学方法和教学步骤进行设计。

(三)艺术性

羽毛球课程教学设计是一门艺术,而艺术来源于创造,体育教师在开展羽毛球课程教学设计的过程中,要根据羽毛球相关教材、学校具体的体育环境、学生的个性特征等,发动脑筋,进行创造性思维。一份优秀的羽毛球课程教学设计方案,其艺术价值应具有独特性,要使人感受到独具匠心,感受到作者的良苦用心。

第二节 羽毛球教学目标的设计

一、羽毛球教学目标的功能

(一)对体育教学方向加以引导

对于羽毛球教学活动来说,羽毛球教学目标便是其所要最终实现的预期结果,在整个羽毛球教学过程中,它发挥着重要的指导作用,能够使体育教师和学生参与所有的体育活动都有一个具体的方向。羽毛球教学目标导向功能的充分发挥,可以帮助体育教师更好地督促学生做正确的事情,做更加具有意义的事情,将其他的干扰排除掉。

(二)对羽毛球教学方法进行指导

设计好羽毛球教学目标后,根据总的教学目标,体育教师来选择合适的羽毛球教学方法,制定出合理的羽毛球教学策略,进而更好地开展体育教学活动。羽毛球教学目标有着较强的指导性,根据教学目标,体育教师可以对相应的教学方法加以合理选择。

(三)对羽毛球教学评价进行指导

一般羽毛球课程教学结束后,要进行相应的形成性评价和考核性评价,并形成最终的终结性评价,这对应着平常所说的"平时成绩""考核成绩"和"最终成绩"。

羽毛球教学评价的标准是将羽毛球教学目标作为依据的,根据羽毛球教学目标来对相应的考核标准、考核内容进行确定,并对测试材料进行编制。对某一节课的教学效果进行评价,其最基础的标准就是要看是否能够促使羽毛球教学目标的实现,根据羽毛球教学目标的达成情况来对羽毛球教学的质量进行评价。羽毛球教学目标是羽毛球教学效果得以测量和评价的重要尺度。

(四)对学生学习进行指导

学生的学习也是建立在教学目标基础之上的。在一个学期的第一节羽毛球课上,体育教师通常会告诉学生本学期羽毛球课所要学习哪些东西以及最终要达到什么样的目标,这就会引起学生的注意,使学生从一开始就能了解本学期羽毛球课的目的是什么,从而更好地激发出学生对新内容学习的期待和达成羽毛球教学目标的欲望。在羽毛球课程教学过程中，目标导向的教学测量和评价也会进一步指导学生如何更好地学习，掌握更好的学习方法与策略，促使自己不断进步，最终达到教学目标。

二、羽毛球教学目标设计的基本要求

(一)系统把握，注意整体协调与衔接

在羽毛球课程教学中，其教学目标一般都是一学期的目标，因此它具有整体性。

在对羽毛球教学目标进行设计的过程中，要注重对不同序列和层次的教学目标进行衔接和协调。在对羽毛球目标进行制定时，既要设立各类各层具体的羽毛球教学目标，而且还要使这些具体的教学目标相互之间具有关联性，以使其能够呈现出层次性、系统性、联系性和递进性等特点。

(二)表述明确具体，避免模糊

羽毛球教学目标的设计是为了解决羽毛球教学要"实现什么"的问题，羽毛球教学目标如果含糊不清，就很容易产生歧义，这对于羽毛球教学内容、教学方法、教学策略和教学评价的实施、选择和制定都会产生各方各面的影响，从而限制羽毛球教学目标作用的充分发挥，对整个羽毛球教学效果产生影响。

(三)将大目标分解成细致的操作目标

体育教学目标必须将总体目标分解成细致的操作目标，才能让教学过程实现价值。具体的体育教学目标包括学习目标和依据学习目标界定和编写的行为目标。行为目标是根据实现学习目标的分解，分解成一个又一个的行为目标。体育教学目标的细分往往决定着体育教学效果的优化和体育教学质量的提高，每个

体育教师在设计目标时都要考虑到这方面的内容。

（四）设计中要有一定的弹性

很多因素都能够对羽毛球教学目标形成制约，而且这些影响因素具有变化性，并不是固定不变的。保持羽毛球教学目标的稳定性是相对的，而羽毛球教学目标的发展、变化是绝对的。在设计羽毛球教学目标时要注意尽量保持一定的弹性，以为以后做出相应的调整和修改留出一定的余地和空间。

三、羽毛球教学目标设计的原则

（一）系统性

众所周知，羽毛球教学目标是由很多的具体目标共同组成的一个完整系统，它是一个层次分明的有机系统。羽毛球教学目标从纵向来看要将不同学段、不同学年、不同单元以及不同内容之间的衔接与联系予以体现出来；从横向对比，不同学习领域的目标之间要充分配合、彼此补充。只有纵横相结合对羽毛球教学目标进行连贯的设计，才能更好地保证羽毛球教学目标得以最终实现。

（二）科学性

羽毛球教学目标设计应遵循科学性原则，这主要从以下几个方面体现出来。

（1）要将羽毛球运动项目的特点予以体现出来。

（2）要将各个领域的学习全部、全面包含其中，包括身体、心理等方面。

（3）使各体育教材得以充分结合，并将羽毛球教材的重点和难点予以突出。

（4）目标要具体、明确、易于操作。

(5)难度适中,要保证大多数学生通过付出一定的努力都能够达到。

(三)灵活性

羽毛球教学目标的设计要具有灵活性,目标不能太好高骛远,要留有余地,只有这样才能获得更好的效果。羽毛球教学目标的灵活性主要取决于其复杂性,这使得体育教师的创造力得以更好地发挥出来。羽毛球教学目标的灵活性,能够使其与学生的个人特点相适合,从而使学生身心获得均衡、全面的发展。

(四)可测性

在羽毛球教学过程中,羽毛球教学目标是对学生身心发展状况的明确、具体、恰当的描述,而学生的身心状况通过体检等手段是可以测量出数值的,这样能客观反映出羽毛球教学目标是否能够真正有助于学生身心发展。

(五)发展性

体育教学目标的效果最终要落实并体现到学生的身上。因此体育教学目标的设计既要着眼于现有的发展水平,又要放眼未来,使学生在未来走向社会时能成为社会的栋梁,获得美好健康的生活,形成终身体育的意识。

四、羽毛球教学目标的编写

(一)羽毛球教学目标的表述

不同层级的羽毛球教学目标,有着不同的表述方式。通常来讲,在表述形式上,整个大学的羽毛球教学目标和每一学年的羽毛球教学目标都是比较抽象的,在内容方面也都是比较宽泛的,但它们都是单元目标和课时目标所制定的重要依据。单元羽毛球教学目标要稍微具体一些,它是羽毛球教材中的某个单元的学习范围,依据学生个人具体的发展状况,用行为目标的形式把总的羽毛球教学目标划分成一个个小目标。具体的目标要分解到什么样的程度则要与具体的情境联系在一起,最终给予明确界定。

在对羽毛球教学目标进行设计时,对课时羽毛球教学目标如何进行准确、清晰、具体的表述是一个需要进行研究的问题。

在对羽毛球课时教学目标进行表述时常常会出现以下几种错误。

(1)把羽毛球课时教学目标作为体育教师要做的工作来进行陈述,对于期望学生发生怎样的改变并没有进行说明。

(2)列举羽毛球教学中涉及的各因素,但没有说明学生怎么处理这些因素。

(3)对目标陈述的方式过于概括,没有具体指出行为所能适应的领域。

（二）羽毛球教学目标的表述方法

羽毛球教学目标有很多表述方式,体育教师应根据自身需求来选择适合的羽毛球教学内容、教学目标以及不同的表述方式。

1. ABCD 法

对于一个明确、规范的羽毛球教学目标来说,其表述应包含四个要素:行为主体(Audience)、行为动词(Behavior)、情境或条件(Condition)、表现程度(Degree),简称 ABCD 型式。

(1)行为主体

在羽毛球教学中,学生就是行为主体。羽毛球教学目标的预期结果和描述对象都是针对学生的行为。所以,羽毛球教学目标书写的开头应该是"学生……"。在对羽毛球教学目标进行表述时,有些教师一般会略去教学主体,但根据表述仍很明显地体现出学生是行为完成的主体,如"(学生)能掌握三步上篮的动作要领"。如写成"教会学生……"或"培养学生……"那就是教师的行为了。

（2）行为动词

行为动词用来描述学生在做相关动作时发生的可观察、可测量的具体行为。它主要可以分为两种类型，即模糊的和明确的。模糊的动词包括了解、指导、清楚、相信、喜欢、察觉等。明确的动词有跟随、报告、模仿、陈述、听从、接受、拒绝，等等。在对羽毛球教学目标进行表述时，所选择的动词应意义明确、便于观察。

（3）行为情境

这是指影响学生产生学习结果的特定限制或范围，主要说明学生在何种情境下完成指定的操作。对行为条件的表述，举以下几个例子。

环境因素。这种因素主要是对空间和时间的限制进行具体说明，如"在单杠区进行引体练习"。

作业条件因素。这种因素主要包括对器材的高度和重量的规定，以及允许或不允许使用器材与辅助手段等。

提供信息或提示。提供信息或提示，如"通过借助图书馆查阅相关的书籍资料，来完成羽毛球理论试题"。

完成行为的情境。完成行为的情境，如"两人一组，进行羽毛球高远球技术的练习"。

（4）表现程度

表现程度是指针对目标，学生所能达到的最低表现水准，能够对学生的学习结构和学习表现所达到的程度进行评价。表现程度所采用的指标或标准一般都是定量的，如以下所说。

①从时间上对完成行为进行限制，如"5分钟内，跑完1000米"。

②准确性，如投篮练习的"50％命中率"。

③成功的特征，如1分钟仰卧起坐"至少完成35次"。

如表5-1所示，为羽毛球教学目标表述的正误对比。

表 5-1　羽毛球教学目标的正误

错误类型	错误举例	正确表述举例
以教育目的代替教学目标	促使学生德智体得到全面发展陶冶学生情操,对学生进行审美教育	1. 对于羽毛球发球的要领,学生能够进行正确掌握
含糊其辞难以评价	进一步发展肌肉力量培养日常锻炼习惯	2. 在 2~3 组引体向上动作中,男生应完成 15 次以上
行为主体错位	培养学生不屈不挠的品质发展学生的爆发力和速度	3. 学生能够轻松愉快地和同伴合作完成羽毛球接发球技术练习

2. 内外结合

ABCD 法虽然能对羽毛球教学目标进行具体描述但是也有不足,比如只看行为变化,不关注内在能力和情感上的变化;过分强调结果而不注重学生内在的心理过程。真实情况是,羽毛球课程教学中的一些心理过程确实无法行为化。因此,必须要使用一些对心理过程进行描述的术语。为此,可以采取格伦兰提出的内外结合的方法,先用诸如理解、创造、记忆、知觉、热爱、欣赏、尊重等描述内部心理过程的动词去陈述,再用能看到的行为作为例子使这个目标具体化,将内部心理过程和外显行为结合起来描述教学目标,既避免了描述心理活动的抽象性,又防止了行为目标的呆板与局限。

3. 羽毛球教学目标的表述模型

前面详细说明了羽毛球教学目标的表述方法,根据其原理,编制了简洁化、可操作的羽毛球教学目标模型,以为体育教师提供参考(表 5-2、表 5-3 和表 5-4)。

表 5-2 羽毛球教学目标的表述模型参考一

课题	教学内容						学习水平						教学目标
	知识点	构成					识记	理解	应用	分析	综合	评价	
		知识			能力								
		事实	概念	原理	观察	推理							

表 5-3 羽毛球教学目标的表述模型参考二

课 题	教学内容	学习水平					教学目标
		识记	理解	应用	接受	反应	
	1						
	2						
	3						
	4						

表 5-4 羽毛球教学目标的表述模型参考三

课题	知识				观察实验操作			学习目标
	知识点	学习水平			项目	学习水平		
		识记	理解	应用		初步学会	学会	

第三节　羽毛球教学策略的设计

一、羽毛球教学策略的概念

"策略"就其本意来说,就是指针对大规模的军事行动的指挥和计划。一般来说,就是为了实现某一目的所采用的方法或手段。羽毛球教学策略,顾名思义,就是指策略在羽毛球教学中的具体应用。

羽毛球教学策略指为了实现羽毛球教学目标,体育教师所采用的羽毛球教学活动准备、羽毛球教学行为和羽毛球教学组织形式选择、羽毛球教学媒体选择等因素的综合考虑。在羽毛球教学设计中,羽毛球教学策略设计是其中非常重要的环节,能够有效地帮助体育教师解决"如何教"以及学生"如何学"的问题。只有采用适合的羽毛球教材策略,才能促使预期的羽毛球教学目标得以有效完成。

二、羽毛球教学策略设计的原则

(一)能够为学习做准备

保证学习任务得以顺利完成是学习的目的,要做到这一点,就必须对一些必备的知识技能进行掌握,具备一定的学习能力。促使学生通过学习能够收获成功,同时还能够帮助学生在精力和实践上的安排更加合理。学生也能够在这一准备状态的基础上,对新的学习获得适当的"心理定向",明白主观条件的利弊。

(二)能够产生学习动机

对于教学内容,学生如果能够产生兴趣,具有学习的意愿,那么他们就会产生积极进取的态度。在这种欲望的带动下,能够对学生产生更好的激励作用,增加学生学习的欲望。提供的学习内容和活动方式,应当有一定的刺激性和挑战性,并且让学生树立成功的信念。良好的羽毛球教学策略能够帮助学生产生积极的学习动机。

(三)能够做到目标有示范

在羽毛球教学中,体育教师在教学目标阐明之后,首先对所要产生或完成的行为表现加以示范,以帮助学生在对知识技能进行掌握时有固定的方向。例如,在对羽毛球一些难度较高的技术进行学习时,体育教师可以进行亲自示范,或通过播放视频来对优秀运动员的技术动作进行观看,这些都能够很好地促进学生参与羽毛球学习的积极性。

(四)内容组织合理

对于羽毛球课中的某些内容,根据一定的逻辑和程序进行有效组织,就能帮助学生对知识进行循序渐进地理解并记忆。每节课中呈现动作内容的多少要根据羽毛球教学内容的复杂和困难程度,结合学生的运动能力和理解能力而定。如果所组织的内容太过简单,那么学生在学习的过程中会感到没有挑战性,失去兴趣;如果组织的内容太过于困难,那么学生很容易失去信心。

(五)教师给予适当指导

在学生进行羽毛球技术动作的尝试与练习时,体育教师要给予及时的指导和提示。随着羽毛球教学进程的实施,这种指导或提示的次数会随着学生对羽毛球技术动作的掌握越来越少,在学生完全掌握后,没有体育教师指导或提示的情况下也能完成学习任务。

(六)学生随时了解学习情况

在羽毛球课程教学的过程中,对于自己的学习情况,学生应该及时地进行了解,知道自己对相关技术动作的感知与把握达到了什么样的水平。为了督促学生练习,体育教师必须让学生知道成功后能带来什么样的好处。体育教师要制定出一种效果标准,来对学生的正确性进行评定。

(七)应注重个性差异

羽毛球教学策略的设计要对学生的个性差异予以尊重和考

虑。学生的个性差异主要从能力、兴趣、性格、气质等方面表现出来。在对羽毛球教学策略进行设计时,要多从学生的角度设身处地地进行考虑,针对每一个学生使用不同的策略。比如,对于能力较强的学生,体育老师要提出更高的要求;对于基础相对较弱的学生,体育教师要多给予鼓励,对于学生的进步要多给予肯定和表扬。羽毛球教学策略的设计要把促使每一个学生在各自原有基础上得以不断提高作为根本目的。

三、羽毛球教学策略的结构

(一)羽毛球教学指导思想

羽毛球教学指导思想可以对羽毛球教学策略做出相应的理论解释,为体育教学策略的方法给予相应的支撑。在羽毛球教学策略的设计和实施过程中,体育教师教学指导思想的不同,所采用的羽毛球教学策略也是千差万别。

(二)羽毛球教学目标

任何一种羽毛球教学策略都指向一个羽毛球教学目标,羽毛球教学目标是羽毛球教学策略的核心要素,对其他羽毛球教学要素起制约作用。在策略的运用上,无论是活动内容还是活动细节、活动方式,或者是活动的程序都是指向羽毛球教学目标的,为达成羽毛球教学目标而存在。

在羽毛球教学中,不同的羽毛球教学目标,所采用的羽毛球教学策略也不同。设计羽毛球教学策略时,体育教师要知道通过内容的学习,能让学生在本单元、本课时应达成什么目标,同时要想怎么去实现这个目标。对羽毛球教学目标的分析,是制定和选择有效羽毛球教学策略的关键。

(三)羽毛球教学策略的实施程序

羽毛球教学策略的实施就是一种组织起来的程序,因此有其自身的操作序列,即羽毛球教学策略按时间展开的逻辑活动步骤。由于羽毛球教学活动具有复杂性和特殊性,羽毛球教学策略的实施程序只能是基本的和相对稳定的,不能过于僵化和固定,也就是说羽毛球教学策略的实施程序有一定的前后顺序,但没有定式,可以随着教学条件的变化以及教学进程及时调整和变换。

(四)羽毛球教学策略的操作技术

操作技术,也就是体育教师运用羽毛球教学策略的方法和技巧。要保证羽毛球教学策略得到更为有效的实施,就必须提出简明易行的操作要领,一般包括以下几个方面的内容。

体育教师方面,在羽毛球教学策略中,体育教师的角色、作用或对教师的要求。

羽毛球教学内容方面,包括羽毛球教学策略的依据和对羽毛球教学内容的处理。

羽毛球教学手段方面,除羽毛球教学通常所运用的教学手段外,还包括运用本策略所需的特殊教学手段。

使用范围方面,包括本策略适用的问题、性质或学生的年龄特点等。

第四节　羽毛球教学环境的设计

一、羽毛球教学情境创设的方法

羽毛球教学情境的创设有很多种方法,主要从学生的活动、教学内容、教师的讲解、教学媒体的运动等角度进行创设,并且以上这些角度对羽毛球教学情境的创设又包含了很多具体的方法,具体如下。

从学生活动的角度对羽毛球教学情境进行创设,其方法主要有游戏法、表演法、任务法、讨论法。

从教学内容的角度出发对羽毛球教学情境进行创设,其方法主要有介绍反面材料法、分析错误法、有意错误法、提问法。

从体育教师生动的讲解的角度出发对羽毛球教学情境进行创设,其方法主要包括生动讲述法、故事法、比喻法。

从教学媒体运用的角度对羽毛球教学情境进行创设,其方法主要包括多媒体法、教育演示法。

二、羽毛球课堂教学管理模式

任何一种羽毛球课堂教学管理模式,都能够从不同的角度来为体育教师进行课堂问题行为管理提供有益的启示,体育教师可以结合自己的优势和管理风格进行有选择的使用,通过相应的课堂管理模式以获得所想要达到的效果。下面主要就羽毛球教学中 5 种具有代表性的课堂管理模式展开论述。

(一)权威模式

这种模式强调体育教师采取主动控制的方式来对羽毛球课堂教学秩序进行维持,对学生的问题行为通过采用严谨、周密的课堂规则加以约束。其具体实施程序包括以下 5 点。

(1)对具体的课堂规则进行建立,并向学生说明规则是对学生课堂行为的期望。

(2)通过清楚、简明的要求和指令,体育教师要告诉学生应该做什么、怎样做。

(3)针对学生违反规则的行为要进行适度惩罚,并告诫学生行为的错误,使学生在形成正确认识的基础上纠正错误行为。

(4)采取走近控制的方式警告学生,并显示教师的权威和责任,及时控制学生的不良行为。

(5)对于具有严重问题行为的学生,要进行严肃的批评和教育,必要时可以实施隔离措施,让其单独反省,检查自己的错误。

（二）教导模式

这种模式强调体育教师面对课堂行为问题通过有效的教学方法来预防和解决。具体步骤如下。

（1）提供的课程要相关和适宜。

（2）实施的教学要适宜而有趣。

（3）对活动管理进行有效运用。

（4）建立课堂活动的基本程序。

（5）提供关于课堂活动的明确指导。

（6）让学生的课堂活动充满兴趣，吸引学生的注意。

（7）对良好的课堂环境加以创设。

（8）对课堂环境进行不断改变。

（9）构建课堂活动的良好气氛。

（10）对活动方式进行不断改变，转换学生的注意重心。

（三）行为矫正模式

这种模式强调教师通过强化、榜样、咨询等方法对学生进行行为矫正，强化学生的正确行为，削弱不良的行为，促进教学目标的实现。这一模式的具体要求如下。

（1）学生的行为是习得的，这一过程便是进行行为选择的过程。

（2）通过积极强化方法的运用，对学生的良好行为进行鼓励和增强。

（3）对于学生的正当行为，不能惩罚和削弱。

（4）对于学生的不正当行为，不要奖励和强化。

（5）在课堂活动中，对强化物要进行正确选择和有效使用。

（6）对持续时间长的问题行为保持适宜的耐心，制定适宜的矫正日程表。

（7）对奖励机制进行合理使用。

（8）掌握行为强化的时间和频率，增强强化的有效性。

（9）对于惩罚带来的负面效果及消极影响要进行及时处理。

（10）注意观察或多与学生交谈，掌握学生潜在问题行为的线索。

（四）人际关系模式

这种模式强调教师通过创设健康的课堂气氛，帮助学生形成良好的人际关系，促进学生的主动学习，减少问题行为的出现。该模式的主要观点如下。

（1）帮助学生分析和了解其行为问题。

（2）对学生的观点与情感进行鼓励和接受。

（3）促进有效交流，对建设性的人际关系进行发展。

（4）从学生的角度理解学生，对学生表现出设身处地的宽容、理解和信任。

（5）发展和利用有助于合作的行为，避免不利于合作的行为的发生。

（6）为有行为问题的学生创造一种非惩罚性的气氛。

（7）注重解决而不是指责学生的问题行为。

（8）注重自身的行为，以免引起学生的厌倦和敌视。

（9）不要讽刺挖苦学生，以免造成学生的自卑。

（10）帮助学生理解不良行为与其后果之间的因果关系，在不影响安全的前提下，让学生深刻理解其行为的自然后果。

（五）过程模式

这种模式强调课堂是一种社会组织，具有所有社会组织的特征。教师的任务是建立积极的、有效的、有凝聚力的课堂群体，保证学习活动的顺利进行。过程模式的基本做法如下。

（1）帮助学生建立积极的群体规范和建设性的行为标准。

（2）创造开放的交流渠道，让学生能自由地表达观点与情感。

（3）培养学生对群体的依恋与满足，发展群体内聚力。

（4）帮助学生发展交流、领导和群体问题解决的技能。

（5）鼓励学生相互交流、相互影响。

（6）帮助学生明确其人际期望。

（7）培养学生的相互理解与相互接受。

（8）运用问题解决的集体讨论解决管理问题。

（9）创立非判断性的、非评价性的、和谐与民主的课堂气氛，预防问题行为。

（10）组织问题解决班会，处理群体问题和行为问题。

第五节　羽毛球教学方案的设计

一、羽毛球教学方案设计常见的形式与格式

羽毛球教学方案的设计没有固定的形式，常见的有以下几种形式。

（1）纲要式：以提纲和要点的方式表示教学过程。简明扼要，几乎是板书的形式，只是内容稍多，有些备注而已。该形式老教师较多采用。

（2）讲稿式：主要以文字描述来表示教学过程。其内容比较详细，新教师采用较多。但应注意不能成为"详细"地把课堂上的每句话、每个动作都包括在内的"啰唆"稿，应该只包括基本的、重要的和备忘的内容。

（3）表格式：以表格说明的形式表示教学过程，比较醒目和规范，是常用的形式之一。

（4）综合式：综合性地应用多种形式的长处来表示教学过程，因灵活可变，所以也是常用的形式之一。

（5）网络式：主要以应用网络资源、网络技术为手段编制的教学方案。随着信息技术的广泛应用，网络式教案会越来越多地被采用。

目前来说，各种形式的羽毛球教学方法并没有形成统一确定的格式，大都是将学校自己制定的标准作为规范。羽毛球课堂教

学设计的成果主要从羽毛球教学方案中得以体现出来。羽毛球教学方案的编制应该是规范性与灵活性相统一。规范性体现在教学方案内容项目上,应该反映出一节课的教学工作的主要方面。灵活性体现在教学方案表达形式的可选性上,以实用方便和个性化为主要方面。羽毛球教学方案的设计是体育教师必须掌握的一种最基本的教学技术。

二、羽毛球教学方案设计的一般方法

（一）羽毛球教学方案设计过程的一般模式

一个教学系统由教和学两个子系统构成。每个子系统中又分别包含诸多要素,如图5-1所示。

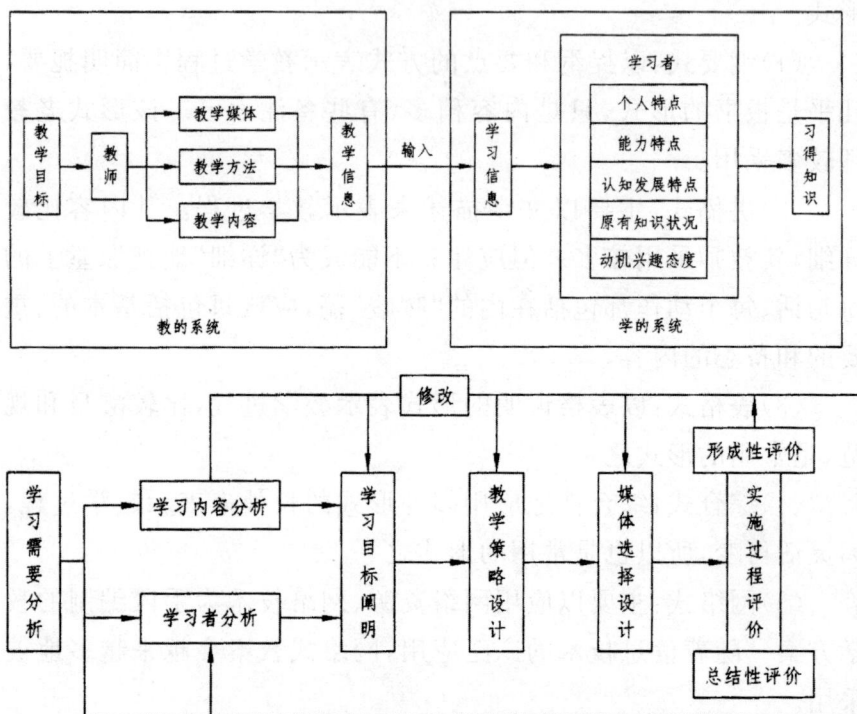

图 5-1

在实际设计过程中,要从教学系统的整体功能出发,保证四要素的一致性,使各要素间相辅相成,产生整体效应。

同时,国内一些学者归纳教学设计的四个基本问题,提出四个阶段逐步展开的教学设计过程基本模式,反映了教学设计的基本思想及教学设计的方法和过程,如图 5-2 所示。

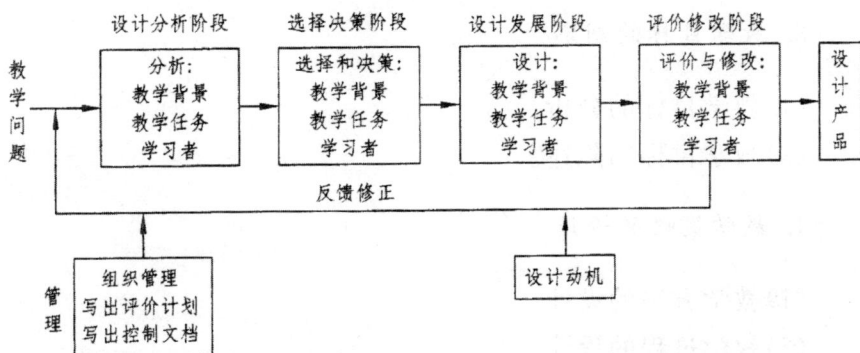

图 5-2

(1)分析阶段。要求教学设计者对学习背景、学习任务、学习者进行分析把握。

(2)选择决策阶段。要求设计者对教学模式、教学媒体、教学信息资源以及设计方式、方法做出选择和决策。

(3)发展阶段。要求设计者创造性地设计出产品,并考虑产品的可行性。

(4)评价阶段。该阶段对整个教学设计做出评价和修改。

(二)羽毛球教学方案设计的操作方法与要求

羽毛球教学方案设计,一般要有以下内容分析。

1. 教学内容分析

(1)学习类型分析。

(2)结构分析。

(3)重点、难点分析。

2．教学对象分析

(1)学生一般特征分析。
(2)学习风格分析。
(3)学生学习能力分析。

3．教学目标的制定

(1)教学目标的分析。
(2)教学目标的陈述。

4．教学策略的设计

(1)教学方法的设计。
(2)教学过程的设计。

三、羽毛球教学方案设计案例

如表 5-5 所示，为羽毛球教学方案设计案例赏析。

表 5-5 "羽毛球正手后场击高远球"教案
——"羽毛球运动"的教学片断设计

教学课题	正手后场击高远球	教学对象	九年级	教学时间	15 分钟
教材信息	本课教学内容选自人民教育出版社出版的九年级《体育与健康》全一册第七章"羽毛球运动"的内容,本课是第三课时				
教学目标	(1)学生通过本堂课的学习,能够复述动作要领 (2)通过互助练习,学生能够模仿完成该动作 (3)通过本课学习,学生认同动作练习中同学相互配合的重要性				
教学重点、难点	重点:鞭打动作与前臂内旋挥拍击球 难点:击球时机与击球点的把握				
教学方法	讲解法为主,示范法为辅				
教学手段	多媒体				

续表

教学过程			
环节	教师行为	预设学生行为	设计说明
〈环节一〉 视频展示 引发思考	【热身活动】 羽毛球操 【播放视频】 林丹比赛精彩集锦 【问题引领】 (1)林丹的杀手锏是什么? (2)林丹击球的特点是什么? (3)怎样击球才能提高球速? 【教师归纳】 我们知道高远球本身球速很快,由于从高空垂直落下,在观众看来似乎球的水平速度并不是很快,而且杀伤力也不大 怎样提高球速,加大对手的防守难度?	【集体热身】 羽毛球操 【观察、思考】 林丹击球的特点,羽毛球的比赛特点 【回忆、思考】 林丹身法灵敏、迅捷,球速快、变化快 【思考、讨论】 高远球的运动特点、击球技巧	用生活实际素材,构建课堂情境,在激发学生学习兴趣的同时,引导学生从体育明星中发现体育的价值,帮助学生理解羽球杀球动作在比赛中的意义
〈环节二〉 教师示范 动作定向	【教师引导】 正手后场击高远球是一种有效的进攻技术,能让球以最快的速度落入对方防区,突破对手的防御,赢得比赛的胜利 【教师示范】 教师做完整动作示范 【分解教学】 前臂内旋带动手腕后伸、曲腕、收腕 【问题引领】 (1)击球前身体是如何运动的? (2)击球时以什么样的身体姿势击球,最有利于发挥自己的最大力度? (3)在什么位置击球最有利于击准确,百发百中? (4)击球后,持拍手臂和非持拍手臂怎样配合运动? 【教师归纳】 正手后场击高远球的击球时机和击球点是击球成功的保证,也是赢得比赛的关键	【观察、思考】 观察击球动作,思考动作要领 【分解练习】 模仿练习,无球练习 【思考讨论】 四人一组,进行击球点与击球时机的讨论	由教师示范,引起同学们的共鸣,激发学生学习羽毛球技术的兴趣

续表

教学过程			
环节	教师行为	预设学生行为	设计说明
〈环节三〉 纠错练习 强化巩固	【教师引导】 练就熟练的击球动作,需要认真体会发力技术要领。同时,也需要同学之间相互理解、相互配合 【分组练习】 教师安排学生分组练习 【问题引领】 (1)为什么击不中球? (2)为什么会有切球现象? (3)为什么会有用不上力的感觉? 【教师归纳】 发现别人的长处,找到自己的不足。不断规范自己的杀球动作,积极加以改进,在比赛中展现自己的风采	【练习形式】 (1)自抛自打练习 (2)两人一组,一人抛球,一人击球 (3)一发一打练习 【观察思考】 利用自己的直观感觉、对比与对手的区别,找出动作易错点	通过相互的配合练习、展示,体会动作要领,发现错误并改正,以育人为目的,鼓励引导学生的全面发展
〈环节四〉 教学比赛 升华建构	【教师引导】 梅花香自苦寒来。林丹的成就并不是一朝一夕形成的。打好基础很重要,需要勤奋地练习 友谊第一、比赛第二,在比赛的过程中尽量抓住杀球的一切机会 【教学比赛】 教师安排学生分组比赛 【问题引领】 (1)为什么球会擦网? (2)为什么球不能飞到对方底线? 【教师归纳】 体育素有"四两拨千斤"的魅力,为了让力量得到最大效果,我们需要掌握一定的技巧和方法。就像小小的羽毛球,却要发挥我们全身协同发力,击出的球才有观赏性和杀伤力	【比赛、交流】 利用所学知识,解决实际问题	培养学生运用所学技术,形成技能 在多变的比赛中再次巩固自己所学的技术,体验成功的乐趣

续表

教学过程			
环节	教师行为	预设学生行为	设计说明
〈环节五〉拓展延伸设问结课	【拉伸放松】 教师领做:拉伸手臂、拉伸腰背 【教师总结】 林丹在比赛时,能随机应变,打出一个又一个精彩的球,源于他自己勤奋刻苦地练习。运动技术的学习需要不断练习,不断思考才能不断进步 【教师设问】 (1)正手后场击高远球是林丹在比赛中唯一的杀手锏吗? (2)"杀球"是林丹在比赛中的制胜法宝,那么它的动作形式是怎样的呢?请同学们在课后进一步观看林丹比赛的视频,找一找哪个动作是杀球,并探索、试练一下杀球。下节课我们来共同讨论交流一下心得体会	【集体放松】 拉伸手臂、拉伸腰背。在教师的引导下,回顾、思考、迁移,带着新的问题出课堂	培养学生多因素观察问题的能力。同时引导学生课后加强练习
设计理念与思路	羽毛球正手后场击高远球,既是前两节正手挑球、正手发高远球内容的完善和补充,又是"羽毛球比赛"的能力基础。它在初中《体育与健康》学习中占有极其重要的地位。本片段主要是针对如何正确掌握正手后场击高远球技术动作而设计的。九年级学生的认知特点发生了明显改变,逻辑思维能力增强,不再单单满足"是什么"的问题,而是喜欢问"为什么"的问题。项目是健身的载体,技术是项目的核心。如何利用学生生活中的感知,唤醒和促使初中生掌握技术动作要领,积极参加体育锻炼是本教学方案设计的宗旨		

续表

教学过程			
环节	教师行为	预设学生行为	设计说明
设计理念 与思路	以建构主义教学观为指导,以学生为主体,以教师为主导,以练习为主线,以发展学生正手后场击高远球的技能为手段,以"观察、练习、分析、交流"为学习活动。利用启发式教学思想,通过课堂教学中出现的问题适时提问,形成与之相适应的课堂教学情境以及由情境引发的具有递进性的问题组。以问题组链的顺序解惑,实现学生在练习过程中感悟现象、建构知识、提高能力,从而在真正意义上体现"以学生活动"为主体的"预设与生成"关系的课堂教学		
预计密度	全课:45% 内容主题:43% 强度:中—大		
安全保障	(1)课前教师合理布置活动区域,并检查场地器材是否安全 (2)充分做好热身活动 (3)要求学生口袋内不放任何物品,避免伤及身体		
场地器材	(1)室内馆1个 (2)羽毛球拍40副、球25个 (3)多媒体1套 (4)场地4块		
教学反思			

第六节　羽毛球教学评价的设计

羽毛球教学评价活动是伴随着羽毛球教学活动同步向前推进的。体育教师应当在提出羽毛球教学实施方案的同时,也应该提出羽毛球课堂教学过程的评价方案。

一、羽毛球教学评价内容

评价设计首先要解决的是"评价什么"的问题。体育教师在教学过程中实施形成性评价应该认真考虑这样一个问题:三维教学目标究竟以什么形式体现在教学活动中。体育教师在课堂上看到的是"完整人"的综合行为,我们把这些行为统称为"学生表现",所设定的羽毛球教学目标应当反映在学生的羽毛球课堂表现之中。

学生在羽毛球课堂中的真实表现可以分为以下几种类型。

(一)学生话语

在羽毛球语言教学评价中,学生话语是一项重要的指标。体育教师应当采取有效措施收集学生的活动表现证据,其中包括话语量、话语真实水平、话语连贯流畅程度、话语的随机建构水平等。

(二)学生动作

伴随着学生话语,还有相应的行动发生。需要重点评价学生动作的正确性、认真性、主动性,还应评价学生动作练习的实效性。

(三)学生认知水平

教师应当采取有效手段得知学生的思维进程与线索、学生对教学信息的领悟程度、学生对教学资源的感受深度以及学生接受新动作项目学习的敏锐程度。

（四）学生临场发挥

课堂过程是体育教师与学生随机构建教与学关系的过程。所以，学生在动作练习中所表现出来的临场灵活性、创造性以及对动作练习的适应性，也是教师的评价内容。

二、评价主体

评价主体主要指的是"谁来评价"的问题。形成性评价设计应当注意评价主体的多元性，体育教师、学生以及身居课堂之外的家长都可以是评价的主体。

（一）体育教师评价

体育教师评价可以采取以下几种形式。

1. 体育教师对全班的评价

体育教师首先要对全班的整体表现进行估量，发现全班练习的优势和存在的问题，明确群体体育活动的总体趋势。

2. 体育教师对部分学生的评价

体育教师应当评价不同水平学生的实际表现，看优秀学生是否有突出的表现，看后进生是否正在进步等，这些均属于对部分学生的评价。

3. 体育教师对学生小组的评价

小组活动应当成为体育教师评价的重点项目。体育教师应当观察不同练习小组的内部活动情况、小组长领导力的强弱情况、小组内同学之间的信息沟通情况、小组成员完成任务的过程、小组内同学之间解决问题的成效等。

4. 体育教师对学生个人的评价

体育教师对学生个人的评价,需要以个案的形式观察探寻可以说明他们学业进展情况的具体表现。面对一个群体的众多学生,我们要分层次、有重点地进行形成性评价。由于学生个人的表现均有某种代表性,所以,体育教师在具体进行某些个案的"解剖麻雀"的工作之后,就可以比较清楚地了解这一类学生的学习情况。

(二)学生评价

学生以评价的主体身份参与形成性评价,是评价改革的一个重点课题。学生评价可以采取以下几种形式。

1. 学生自评

体育教师应当在羽毛球教学过程中有计划地培养学生进行自我反思的能力。体育教师有必要逐步培育和构建学生的有效评价行为,如及时采集个人表现的信息、记录自己的学习过程、学会进行自我监控、学会描述自己的学习行为等。

2. 两人互评

两人互评是一种常见的自主评价形式。两人互评在所有的两人一组的活动之中和之后都应当发生。

3. 小组互评

小组内部的合作评价是课堂形成性评价的难点。学生在课堂上是不太善于进行合作评价的,所以体育教师应当有计划地培养学生良好的合作评价行为,这需要一定的时间,需要在每一节体育课上引导学生自主管理小组活动,自主实施小组评价任务,自主积累过程评价信息和实证材料,而所有这些"自主"都需要在教师的有计划的行为中进行训练。

4. 全班合作评价

全班参与合作评价,因参与的人员增多变得难度加大,但这样的评价对学生合作能力的培养则更有意义。体育教师在进行全班合作评价时应进行周密的规划,应准备更加完备的评价工具,应提供更为详细的具体指导,同时还应做好组织工作。此类评价活动实际上与教学活动是一体的,评价活动本身就包含着教学内容。

(三)家长评价

在体育教师与学生分别作为评价主体的基础之上,我们要逐渐引入家长评价。现在很多地区的学校已引入了家长评价。如学生在家里完成体育练习作业,家长给予必要的评语;学生在校的一些体育练习成果拿回家里做展示汇报,家长对此给予评价等。此外,学校举办大型活动或教师在班上组织各种学习汇报、文艺表演等活动时,也可以邀请家长参加,并让他们对学生在活动中的表现做出评价。家长参与评价,需要学校和教师及时指导。要不断地改变家长的评价态度,改善家长的评价行为,改进家长的评价方法,以更好地发挥家长参与评价的积极作用。

三、评价方法

改进评价方法的指导理念是测试性评价和质性评价兼顾,同时大力开展质性评价方法。下面重点分析以下几种评价方法。

(一)测试

测试主要考查人的知识、技能。在提供质性评价的同时,我们还必须认识到,测试仍然是日常教学的一种常见的评价方法,但是,教师应当注意以下几个问题。

(1)对测试内容进行改革。

(2)对测试标准加以改造。

(3)有效发挥测试的诊断、调整、激励和甄别的功能。

(4)审时度势,准确把握测试时机。

(5)提高测试设计与实施的专业化水平。

(二)测量

测量是对非量化实物的量化过程。虽然教师重视测试的评价作用,但是,他们往往没有重视测量的特定作用。实际上,即使在语言教学中,态度测量、情绪测量、一般智商的测量,都对教学改进有明显的效应。同时,测量方法还能够使学生更加了解自己。

(三)调查

观察是在活动过程中同步采集信息,调查则是在活动之后采集信息。行之有效的调查方法有问卷和访谈两种。问卷和访谈都需要掌握一定的专业技术,体育教师实施此类调查是很有必要的。

(四)观察

课堂教学观察有五种方法:调查严密组织的系统观察方法、生态学观察方法、人种学观察方法、同步等级界定观察方法、非正式观察法。一般常用人种学观察方法,其要点是详细记录所见所闻,而且可以通过录音和录像收集原始信息。

(五)轶事记录

轶事记录就是对某一时间、地点和环境下发生的行为进行持续的客观描述。此种方法可以用于学生执行解决问题的任务或项目时的质性评价。这项评价活动可以由教师来做,但我们认为更重要的是让学生来进行轶事记录,长期做这件事可以有效地提高学生的反思能力。

（六）档案袋

档案袋也可以称为"成长记录袋"，鲍尔森和麦耶指出，档案袋的概念是"收集、选择和反思。"即从收集的所有作业中，学生自己选择存入档案中的材料，可以是他们认为特别有价值的东西，然后学生对自己的成品和相关表现进行反思。

四、评价工具

在中小学羽毛球课堂教学过程中，特别是在学段较低的羽毛球教学中使用评价工具能对学生的积极性进行有效的激励，提高教学效果。下面我们就对一些评价工具进行说明。

（一）核查表

教师将他（她）期待的具体行为以列表方式提供给学生，学生个人、两人小组或多人小组依据自己的表现细节在检查表中进行勾画。

（二）图示评定量表

图示评定量表是用一条水平线或垂直线组成量表，表示在一个连续体上对学生行为的客观等级描述。

（三）教学评定量表

教学评定量表是用数字表示学生课堂行为（已发生的）的等级。如我们可以用5、4、3、2、1来确定期待行为的活跃程度，5表示特别活跃；4表示比较活跃；3表示中等活跃；2表示不够活跃；1表示很不活跃。

（四）图片

使用图片也要根据所教的内容选择，如运动员图片、人体部位图片、颜色图片、交通工具图片、运动项目图片、食品图片和水果图片等都可作为评价工具。

（五）实物

实物即真实的物品，体育教师可以根据所教的内容选择不同的实物，如文具、玩具、动物（玩具动物）、交通工具（玩具交通工具）等，这些都是真实的物品，可给学生作为评价工具。

（六）贴片

贴片是较低学段教学过程中使用最多的一种评价工具，如运动员贴片、人体部位贴片、颜色贴片、饮料贴片、食品贴片、水果贴片、玩具贴片、文具贴片、交通工具贴片等。这些评价工具均需根据教学内容来选择使用。

（七）数字

数字是指通过数字反映实际的学习水平，并进行评价。

（八）标志

在课堂教学中，老师们经常使用一些标志，如笑脸、平脸、哭脸、五星、花朵、彩旗、奖章、胸章等作为评价工具。

（九）简笔画

除以上几种评价工具外，教师在课堂上经常结合教学内容使用简笔画作为评价工具，如画文具、动物、人体部位、食品、交通工具等。

五、课堂评价语言

为了保证课堂评价语言的使用更加高效，对学生产生真正的激励作用，促使羽毛球课程教学效果得以不断提高，在使用课堂评价语言时,体育教师应遵循以下几个原则。

　　(1)选择正确的评价语言。

　　(2)评价语言应尽量多样化。

　　(3)选用有效的评价语言。

第六章　羽毛球技术原理分析与实践指导研究

羽毛球作为一项运动项目,受到越来越人的欢迎和喜爱。要想进一步夯实羽毛球运动课程教学理论基础和实践研究基础,必须深入剖析羽毛球运动技术原理,同时就羽毛球技术实践做出深入研究,只有这样才能有效推动羽毛球运动教学实践的发展。

第一节　羽毛球技术基本原理

一、羽毛球技术结构

在羽毛球运动中,拥有特定连接形式且集科学性和合理性于一身的动作或活动,就是羽毛球技术。羽毛球技术结构是指组成羽毛球技术的动作(或活动)之间的普遍联系以及彼此作用的形式。深入研究羽毛球技术结构,不但有助于对不同类型的技术形成精确认识,而且能为教学训练奠定基础。以羽毛球运动的技术结构为依据,把羽毛球技术划分成以下两种。

（一）判断技术结构

判断羽毛球技术就是感觉器官与神经系统共同完成的一个由一系列活动构成的特殊技术,利用视觉观察能评定运动员移动效果与击球效果的实际水平,判断技术结构是视觉观察—传入神经—大脑皮质综合分析—传出神经。

就判断技术而言,看和综合分析分别是前提和关键。要想获得准确的分析结果,首先要进行全面、精确的观察,然后要进行切实可行的判断。分析环节和观察者现有经验之间存在紧密联系,观察者的理论水平与综合分析水平对分析结果的客观性有决定性作用。针对这种情况,必须不断强化视觉灵敏度、理论水平、分析水平,进而大幅度提升训练水平。

（二）动作技术结构

羽毛球运动的动作技术结构:选位—引拍—迎球挥拍—球拍触球—随势挥拍—身体的协调放松还原。

选位是动作技术结构的前提条件,对移动与技术的理解情况是选位的重中之重,同时对运动员的持拍技术提出了很高要求。在完成引拍动作时,必须在此之前对击球力量与击球方向做出明确判断,结合把握球拍触球的力度、角度、速度,来合理改变球的运行弧线。完成击球动作后,球的稳定性、准确性、身体协调放松程度能够保证下次击球具备更加充足的准备时间。对于实际的击球质量而言,对动作协调性的掌握具有重要意义。

二、站位与持拍技术理论分析

（一）站位

站位是指站在羽毛球场上的位置。对于羽毛球运动员来说,站位是一项基础技能,准确站位对运动员充分发挥综合水平有深远意义。站位包括受限制的站位和不受限制的站位两种情况。

（二）持拍技术

1. 持拍

持拍能够划分成持拍手与非持拍手,持拍手就是正在握球拍的手,非持拍手就是没有握球拍的手。羽毛球运动中的正手技术、反手技术、正手击球、反手击球等术语被很多人熟知。正手技术和反手技术就是握拍手同侧的技术与握拍手异侧的技术。以右手握拍运动员为例,正手技术就是击右侧球时所用技术。在羽毛球运动中,非持拍手的主要作用是发球过程中用来持球和抛球,击球过程中使身体处于平衡状态,从而提高击球的效率。

2. 拍形角度

拍形角度是指球拍面与地面所成的角度。拍面方向是指球拍的拍面所朝向的位置。拍形角度主要可分为拍面向下、拍面稍前倾、拍面前倾、拍面垂直、拍面后仰、拍面稍后仰、拍面向上七种形式。

3. 拍面方向

拍面方向可分为三种,即拍面朝左、拍面朝右、拍面朝前。对于击球质量而言,拍形角度与拍面方向的控制水平具有重要作用,所以在所有的击球过程中都要有效调整拍形与拍面,击打出与具体要求相吻合的球。

三、击球技术理论分析

(一)击球基本线路

羽毛球运动员把球击出后,球的空中运行轨迹与场地之间的关系,就是击球路线。羽毛球运动的击球路线十分复杂,这里仅对常见的基本路线进行论述。以运动员右手持拍为例,击出三条球路来剖析球的路线名称。

(1)从自己的右方打球到对方的左方(球运行线路与边线平行)可称为直线。

(2)打球到对方的右方(球运行线路与边线有较大的角度)可称为对角线。

（3）打球到对方的中线（球运行线路与边线有较小的角度）可称为中路。

这三种线路是羽毛球运动的常见线路，同样适用于反手击球。当运动员在中线击球时，可以称呼为：打到对方场区的左方为左方斜线，打到对方场区的右方为右方斜线，打到中间为中路球。

（二）击球点

在击球时，球拍和球接触那一点的时间和空间位置就是击球点。击球质量在很大程度上取决于运动员能否合理选择击球点，击球点的选择对击球力量、击球速度、击球弧线以及击球落点都有直接性作用，对运动员击球命中率有不容忽视的作用，是运动员出现失分以及击球成败的重中之重。

因此，对于所有羽毛球运动员来说，都一定要保证判断选择击球点的迅速准确。选择击球点的判断依据是球拍与球的接触点距离地面的高度；接触点距离身体的前后距离；接触点距离身体的左右距离。准确选择击球点要求运动员拥有精确判断力以及灵敏步法，如此方可快速调整到最佳位置击球，这样才能保证击球点合理。

（三）击球动作

击球技术由动作构成，采用不同的技术，动作方法也有所异，但有很多的技术方法都是有规律的，通常叫做击球动作一致性。这些动作的一致性可以运用于迷惑对方，当对方做出错误判断时，就可以攻其不备。不管是前场技术、中场技术以及后场技术，都要尽全力追求相似技术动作的一致性，从而保证击出球的质量。

（四）击球速度

击球速度的重点是羽毛球运动员要判断快、移动快、击球快，重中之重是回球速度必须快。运动员只有同时提升回球的"绝对速度"和高回球的"相对速度"，方可向对手实施有力攻击，促使对手处于被动状态。绝对速度理解难度小，击球力量是绝对速度的决定性因素；相对速度理解难度大，对方击球位置与击球手段、击球时间、击球力量、弧线的高低、落点的远近均有特定要求。提高击球速度的手段有许多，如提升速度素质、加快回球速度、加快判断速度、加快正反手技术的连接速度等。

（五）球的落点

球的落点是指球被击出后落在对方场区的某个地方。一般情况下，将落点划分成对方场区的前场、中场、后场，而前场、中场、后场又均可分为左区、中区、右区三个部分，所以人们往往把落点区划分成九个击球区。在羽毛球比赛或羽毛球训练过程中，运动员达到技战术训练要求的标准是有意识地控制落点，同时把球击到九个击球区的附近。

落点不仅要具有准确性还要具备攻击性。落点这一因素直接影响球的"狠、准、活"三个方面。落点刁在另一个意义上讲可谓"狠"，落点到位可谓"准"，落点变化无穷可谓"活"，因此我们必须加强落点控制能力的训练，掌握落点控制的方法，在每次击球中都在控制落点上去努力。

对于羽毛球技术研究来说，落点研究始终是特点之一，具体包括"快、狠、准、活"的特点。"准""活"反映在球的效果上是落点准、落点多、变化大。运动员要想取得理想成绩，必须拥有把球击到不同落点区和变化击球落点的能力。

落点不但能够扩大对方击球范围，同时还能有效攻击对方弱点，可以通过落点专门攻无法回接的区域。任何羽毛球运动员都畏惧对手攻击自身弱点，如攻击追身球、过头球、双打两名队员站位的结合处等，这些地方往往是羽毛球运动员比较薄弱的地方。由此可知，在击球时一定要设法让落点位于对方弱点区，只有这样方可赢得胜利。

以上任何一种要素均属于击球技术理论中重点研究的内容，在提升羽毛球技术上有突出作用。以上几项要素间的关系是彼此制约、彼此依存、不可替代的。然而，重中之重是击球质量与命中率之间的关系，要想达到击球质量与击球命中率的矛盾统一，只有达到质量高、命中率高的要求，方可从根本上实现训练目标，不间断地提升击球技术动作水平，促使运动员在比赛过程中占据主动位置，最终成为获胜者。

第二节　羽毛球单打技术习练指导

一、发球技术习练指导

（一）发球技术分析

1. 正手发球

正手发球时，单打发球在中线附近，站在离前发球线 1 米左右。双打发球站位可靠近前发球线。身体左肩侧对球网，左脚在前，右脚在后，重心在右脚上。右手持拍向右后侧举起，肘部放松微屈，左手拇指、食指和中指夹住球，举在胸腹间。发球时，身体重心由右脚移至左脚。

（1）发高远球

发球的时候，左手把球举在身体的靠右前方并放下，使球落下；右手同时由大臂带动小臂，从右后方向前，往左前上方挥动，大臂开始挥动的时候，身体重心逐步从右脚移动至左脚。在球落在击球人手臂向下自然伸直可以和球接触的瞬间，把球拍牢牢握紧，同时借助手腕力量朝前上方鞭打用力击球，在击出球的过程中，手臂朝左上方挥动，完成击球动作后身体重心逐步从右脚转移到左脚，身体稍稍朝前方倾斜（图 6-1）。

图 6-1

（2）发平高球

运动员在发平高击球的一瞬间，前臂通过加速来促使手腕朝前上方挥动，拍面倾斜方向应当是前上方，主要用力是向前用力。运动员在鞭打击球的过程中，击球动作会比发高远球的动作小一些。需要说明的是，发出球的理想弧线是造成对方难以拍击到球的高度，同时需要落到对方场区底线内（图 6-2）。

图 6-2

（3）发网前球

当采取正手发网前球时，运动员站位应当略微靠前，握拍需要尽可能放松，要保证上臂动作幅度小，身体重心置于左脚，右脚跟完成提起动作。在击球过程中，借助前臂来带动手腕，推动拍面由右朝左斜切击球，合理控制用力，保证球能够贴网而过，正好落于对方前发球线周边。运动员完成击球动作后，需要调整为准备姿势（图 6-3）。

图 6-3

2. 反手发球

（1）反手发网前球

反手发网前球时，充分发挥小臂的带动作用，进而促使手腕发力，球拍从后面朝前面推送，拍面呈切削式击球，推动球过网后能够用最快速度下落到对方场区的前发球线周围（图 6-4）。

（2）反手发平球

和反手发网前球相比，反手发平球的球拍挥动方向与其相同，不同之处是击球的一霎那，运动员手腕要抖动并猛然发力，另外拍面必须有"反压"动作。

图 6-4

（二）发球技术训练方法

（1）徒手完成发球之前的准备姿势，对发球动作实施有效模仿。

（2）运动员在距墙边 50 厘米的位置站好，身体右侧朝墙，多次完成挥拍练习，尽可能拉近挥拍路线和右腿之间的距离。

（3）运动员使用多球完成精确发球练习。

（4）在场上两人对练发球。

二、接发球技术习练指导

（一）接发球技术分析

1. 站位

对于单打接发球而言，距离前发球线 1.5 米左右的位置是最佳站位。在右发球区，运动员应站在贴近中线的位置；在左发球区，运动员应站在中间微偏边线的位置，旨在预防对方发球攻击反和部位。

2. 准备姿势

单打接发球要求运动员左脚和右脚分别置于前面和后面，身体半侧对球网，身体重心略微朝前面倾斜，两膝微屈，提起右脚跟，双眼看前方，含胸收腹，球拍举在身前。

3. 接发来球

对于接发球来说,运动员要尤为关注球路以及变化。第一步是有效提升后场击球能力,在单打比赛中积极选用发高远球或发平高球,此外可以选用吊球、杀球或平高球。当对方发平快球时,可采用平高球、平推球、劈吊、劈杀还击,以快制快,掌握主动。也可用高远球还击,充分做好再次还击的准备,要加强预判能力,不能仓促击球,只要回球质量稍差,就可能遭受反击。对方发网前球时,可用平高球、挑高球、放网前球、平推球还击,有机会还可以用扑球还击。

发球强攻是使用次数较多的战术,必须尽早察觉到对方意图,在恰当时间段内准确应用放网与平推球还击,尽可能把落点安排在距离对方较远的位置,对对方进攻形成限制。当对方不间断地进行发球抢攻时,一定要沉着地完成接发球,保证自身合理控制球,通过各种途径降低让对方抢攻的可能性。

(二)接发球技术训练方法

(1)运动员学习接发球时,建议其选用一种固定基础来接对方的单一发球或多球,同时结合球路或具体要求定时、定量地完成练习,在此之后进行交换。

(2)运动员练习接发球时,必须在对方球拍触球的瞬间观察球的飞行方向,从而有效锻炼自身的判断水平。

(3)当运动员适应水平较高,同时可以灵活控制回球落点后,需要循序渐进地提升防御对方强攻的能力。

三、击球技术习练指导

(一)击球技术分析

1. 前场击球

(1)搓球

①正手搓球。运动员侧身朝着右边网前,选用正手握拍。球拍跟随前臂伸向右前上方斜举。运动员完成击球动作时,当球拍

举到最高点时前臂略微做外旋动作,手腕从后面伸到略微内收的状态,同时和击球开始阶段的动作保持统一。在击球过程中,运动员应缩短完成挥拍动作的时间,反映出"搓切"动作,对球的右下底部实施击打,保证球能够翻滚过网。运动员完成整个击球过程后,应当调整为准备姿势(图 6-5)。

图 6-5

②反手搓球。移动到位,反手握拍,前臂略微往上举,手腕向前弯曲至网比较高的位置,保证手背比拍面高。完成搓球动作时,重点借助小臂外旋与手腕内收并外展的合力,对球托的右后侧底部实施搓击,保证球发生侧旋并滚动过网,运动员完成击球的整个过程后调整为准备姿势(图 6-6)。

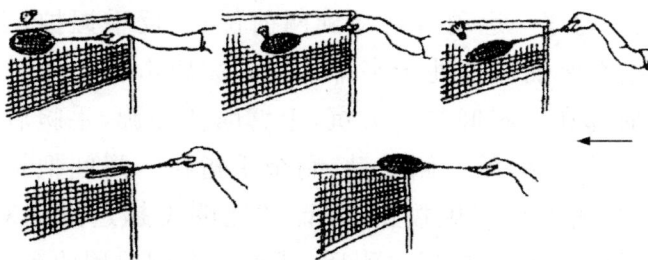

图 6-6

（2）勾球

①正手勾球。运动员移动到网前位置，球拍跟着上臂朝右前方完成斜平举动作，前臂略微形成外旋姿势，手腕略微朝后侧伸，使用右手握拍并把拍柄朝外侧捻动，保证拇指指腹和拍柄内侧宽面紧紧贴在一起，食指第二指关节和拍柄外侧宽面紧紧贴在一起，保证掌心处于空当状态。完成击球动作时，靠前臂完成略微内旋的姿势，同时朝左侧拉收，手腕从微伸转变成内收抖腕，手腕要能将拍面角度控制好，对球托的右侧下部实施击打，保证球顺球网对角飞行到对方网前角落，完成击球动作后转变成准备姿势（图 6-7）。

图 6-7

②反手勾球。运动员移动到网前位置，反手握拍，上臂朝前方伸展，进而保证球拍处于平举状态。完成击球动作时，拍面正对来球，肘部在一瞬间往下方沉，上臂略微外旋，手腕后伸闪腕，拇指和中指使拍柄朝右侧转动，剩余手指在一瞬间把拍柄握紧，向球托的左侧下部实施拨击，保证球能够飞越过网到对角的位置。运动员完成整个击球过程后，球拍朝右侧前回收到准备姿势（图 6-8）。

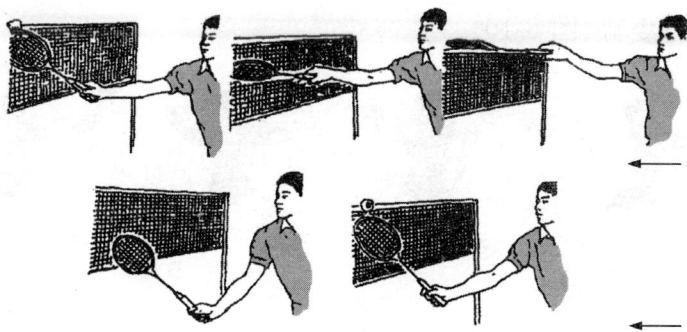

图 6-8

（3）挑球

①正手挑球。正手挑球的准备动作和正手放网前球相同。在击球之前，前臂要尽可能外旋，手腕要尽可能朝后侧伸，右脚朝右网前跨出一大步，将身体重心置于右脚上面。在击球过程中，从右下向右前方至左上方挥拍击球。完成以上动作后，如果球拍朝右前上方挥动，则挑出的必定是直线高球；如果球拍朝左前上方挥动，则挑出的必定是对角线高球。完成击球的整个过程后，身体重心马上调整成准备姿势（图 6-9）。

图 6-9

②反手挑球。反手挑球的准备动作和反手放网前球相同。在击球之前，右臂要朝左后方向拉屈肘引拍到左侧肩膀旁边，右脚朝左前方跨出一大步，将身体重心放置在右脚。在击球过程中，前臂应当尽可能朝内侧旋转，手腕从弯曲状态变成后伸闪动状态挥拍击球。如果球拍是从左下方向朝左前上方向挥动，则球朝着直线飞行；如果球拍是从左下方向朝着右前上方向挥动，则

球朝着对角线飞行。运动员完成整个击球过程后,身体要马上转变成准备姿势(图 6-10)。

图 6-10

2. 中场击球

(1)抽球

①正手平抽球。运动员在右场区中部位置站好,两脚平行开立,两脚之间的距离比肩部宽,身体重心放在两脚的中间位置,略微弯曲膝盖并收腹,在右肩前面的位置做正手握拍动作。在击球之前,运动员的肘关节朝前侧摆动,前臂略微朝后侧带外旋,手腕略微朝外侧展开至后伸,引拍到身体后侧位置。在击球时,前臂应当朝内侧旋转,手腕伸直闪动,手指将拍柄牢牢抓紧,球拍从右后方朝右前方快速度完成平扫来球。完成击球的整个过程后,手臂随之朝左侧摆动,左脚朝左前方向迈进一步,为迎击第二次来球做好充足准备。

②反手平抽球。右脚前交叉在左侧前,将身体重心放置在左脚,右手形成反手握拍姿势并位于左侧前。在击球之前,肘部略微上指,前臂做内旋动作,手腕朝外侧展开,引拍到左侧。在击球时,借助髋部朝右侧转动的力量,前臂顺势朝外侧旋转,手腕从外展状态过渡成伸直闪,挥拍击球托底部。完成整个击球过程后,球拍伴随着身体回动到手指右侧前位置。

(2)快打技术

①正手快打。在中场区,两脚平行站立或右脚略微朝前站立都可以,两膝弯曲转变为半蹲状态,采用正手握拍举拍到肩上位

置。将右肩上方设定为击球点。在击球时，前臂朝前面，手腕从后伸到前屈闪动挥拍对球托后部实施击打，保证球能够平直、急速地飞往对方中场区的周边。完成击球后，球拍随之前盖，右脚朝右前方迈出一步，站立于中线两侧略微偏后的位置，球拍从左下回举至前上方，为迎击下次来球做好充足准备。

②反手快打。两脚平行站立于左场区，身体重心置于右脚，将球拍举到右侧前的位置。如果运动员判定来球位于左场区，则右前臂朝左侧摆动，身体略微朝左侧转动直至右肩对网，与此同时左脚朝左侧迈出一小步，前臂朝内侧旋转，手腕伸直闪动，手指在一瞬间把拍柄紧紧抓住，前盖球托后部，促使球尽可能平直地朝前方飞行。完成击球动作后，球拍从右下方举到前上方，为下次击球做好充足准备。

3. 后场击球

（1）后场击高球

①正手高球。运动员对来球方向与来球落点进行精确判断，尽全力缩短移动到位的时间，保证下落的球能够在右肩前下方，左手自然高举，两眼紧紧注视着球，当球下落至最佳击球高度时，右脚蹬地转髋，右臂将肩关节当成轴朝前方转动，进而形成肘关节朝前并比肩部位置高的状态，拍头朝下，球拍和背部紧贴在一起并和地面形成垂直关系，松握球拍。在此之后充分借助蹬地和转体收腹的协调用力，借助蹬地和转体收腹的共同作用，利用大臂带动小臂来朝前上方甩腕，在手臂伸直的最高点上击球，击球过程中要保证身体重心朝上。完成击球过程后，手臂借助惯性把球拍挥到腋下并收拍到身体前面。与此同时，身体重心必须顺势朝前，右脚自然朝前跨，进而形成准备姿势（图 6-11）。

②头顶高球。在击球前，头顶高球的准备姿势和击球动作与正手击高球没有太大区别，仅有的区别是头顶高球的击球点更偏向左肩上方。羽毛球运动员在准备击球时，应当侧身微微朝左后方向仰。在击球过程中，利用大臂力量带动小臂让球拍绕过头

顶,自左上方向前加速挥动,击球时必须充分利用手腕的爆发力和蹬地收腹力量。除此之外,运动员落地时左腿朝左后方向摆动幅度稍大一些,同时通过左脚朝中心位置回动。

图 6-11

(2)吊球

①正手吊球。以正手高球为比较对象,正手吊球的击球准备与前期动作和其大体一致,不同之处是正手吊球在击球时拍面略微朝内侧倾斜,手腕需要完成快速切削下压动作,击打球托的后部与侧后部。如果吊直线球,拍面需要正对前下方朝着下方切削;如果吊斜线球,球拍需要切削球托右侧,同时发力方向是左下方(图 6-12)。

图 6-12

以球的飞行弧线与击球动作作为划分依据,正手吊球包括劈吊、拦截吊以及轻吊。

②头顶吊球。以头顶高球作为比较对象,头顶吊球准备动作与其完成相同,不同之处是头顶吊球的击球点比较靠前。头顶吊直线球时,击球一霎那前臂需要猛然朝前下方挥拍,用球拍击打球托的正中部位,推动球沿着直线方向飞行,飞行过网后马上下落;头顶吊斜线球时,击球一霎那前臂需要猛然翻腕朝前下方挥拍,利用斜拍面来击球托左侧部位,推动球朝着对角方向飞行,飞球过网后马上下落。

③反手吊球。以反手击高球作为比较对象,反手吊球的准备动作与其完全相同,不同之处体现在反手吊球的握拍手段、拍面掌握、力量运用三方面。吊直线球时,通过球拍反面切削球托后中部进而把球击出,落点处在对方右场区前发球线周边;吊斜线球时,通过球拍反面切削球托的左侧部把球击出,落点位于对方左场区前发球线周边(图6-13)。

图 6-13

(3)杀球

①正手杀直线球。以正手击高球为比较对象,正手杀直线球的准备姿势与其完全相同,不同之处是正手杀直线球最后用力方向是往下。当右脚完成起跳动作之后,身体后仰成反弓后收腹用力,通过腰腹力量带动大臂,通过大臂来带动前臂,通过前臂来带动手腕,由此产生鞭打向下用力,通过球拍来正面击球托的后部,不存在切击,推动球顺直线朝前下方用最短时间快速飞行。完成击球环节后,必须马上还原成准备姿势(图6-14)。

图 6-14

②正手杀对角线球。以正手杀直线球为比较对象,正手杀对角线球的准备和动作要领与其完全相同,不同之处是起跳后身体朝左前方用力,从而帮助手臂朝对角方向击球。

③头顶杀直线和对角线球。头顶杀直线和对角线球与头顶击高球存在很多相似之处,不同之处是挥拍击球时必须全神贯注地朝直线方向或对角方向(图 6-15)下压,球拍面与击球方向水平面之间的夹角必须比 90°小。

图 6-15

④反手杀球。反手杀球和反手击高球存在很多相似之处,不同之处是击球前挥拍用力要大出很多,身体反弓以及手臂和手腕的延伸、外展的鞭打用力,能够朝着对方直线下方用力或者朝着对方对角线下方用力,击球一霎那球拍和扣杀球方向水平夹角必须比 90°小(图 6-16)。

图 6-16

⑤腾空突击杀直线球。侧身,右脚往后面退一步准备起跳。运动员起跳成功后,身体朝着右后方腾起,身体上半部分右后仰或反弓形,右臂朝着右上方向抬起,肩部努力朝后侧拉。击球过程中,前臂用最快速度朝上方摆起,手腕从后伸,经过前臂朝内侧旋转直至屈收,与此同时运动员把球拍握紧并压腕,从而产生爆发力,高透向前下击球。完成突击扣杀环节后,在身体右侧着地屈膝缓冲,将身体重心置于右脚前面;右脚在左侧着地,通过左脚蹬地朝中心。通过位置回动,手臂顺着惯性自然朝身体前面回收(图 6-17)。

图 6-17

（二）击球技术训练方法

1. 前场击球技术训练方法

（1）徒手对不同种类的网前技术动作进行练习。

（2）多球练习。两名练习者为一组，隔网对面站立，一名练习者负责抛球，另一名练习者负责完成搓球练习和推球练习。

（3）多球练习。两名练习者为一组，共同完成行进间上网搓球练习、推球练习以及放球练习。

（4）两名练习者一球，隔网站立，协同完成搓球练习、放球练习以及勾球练习。

（5）两名练习者一球，隔网通过搓球技术、放球技术、勾球技术、扑球技术完成比赛练习。

2. 中场击球技术训练方法

（1）反复完成徒手挥拍练习或多球练习，密切关注前后动作有无顺畅衔接。

（2）结合来球的差异性，有效练习准备姿势、拍面角度、力量以及动作速度。

（3）绝大多数情况下，将肘部作为轴，通过前臂带动手腕来完成小幅度的快速挥拍练习，从而更加清晰地感受击球时机。

（4）反复练习接不同球的准备姿势移动与手法。例如，反复完成接杀球练习，从而提高羽毛球运动员的反应速度与判断水平；深入感受接杀球技术动作，认真完成平抽练习，两人快速平抽平打，从而使自身动作速度得以提升。

（5）有效锻炼握拍的灵活程度。按照来球的具体特征，手腕和手指合理控制球的力量、角度以及方向。

3. 后场击球技术训练方法

（1）运动员徒手对高远球技术、平高球技术、吊球技术、杀球技术的挥拍动作进行模仿。

（2）多球练习。两名练习者相互协作，一名练习者负责发后场高远球，另一名练习者负责完成后场高远球、直线平高球、斜线平高球的回击练习。两名练习者轮流练习。

（3）两名练习者一球，一名练习者负责吊球（直线、斜线），另一名练习者认真完成后场高远球多拍往返练习。两名练习者轮流练习。

（4）多球练习。两名练习者为一组，一名练习者负责发中后场高球，另一名练习者负责扣杀球直线练习。两名练习者轮流练习。

第三节　羽毛球双打技术习练指导

一、握拍法

针对双打比赛，网前球员会频繁运用封网技术，同时双打比赛向运动员发球技术提出了很高要求，所以这两项技巧就存在很多对应的握拍方式，具体如下。

（1）双打正手封网和发球握拍

将虎口对在拍柄的第二至第三条斜棱之间的宽面上，持拍手与拍柄接触位置在拍柄与拍杆接触处,平握球拍。

(2)双打反手封网和发球握拍

将虎口对在拍柄的第一和第二条斜棱之间的宽面上,手指第一指关节与拍柄接触,掌心空出。

二、双打发球有效区域及发球站位

(一)双打有效发球区域

与单打有效发球区域相比,双打有效发球区域与其存在很大区别。在双打比赛过程中,右发球区发球一定要以对角线路把球发至对方右发球区中。

右发球有效区域是中线、中线右边的双打边线、双打后发球线(底线内侧第一根平行于底线的标志线)和前发球线之间(图 6-18)。左发球有效区域是中线、中线左边的双打边线、双打后发球线(底线内侧第一根平行于底线的标志线)和前发球线之间(图 6-19)。

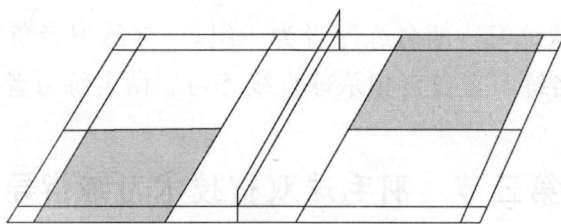

图 6-18

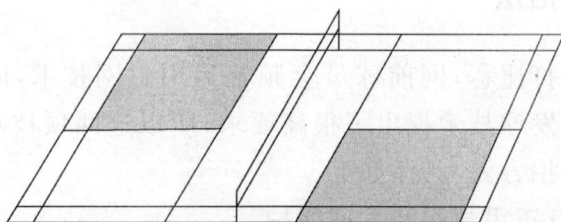

图 6-19

（二）双打发球站位

与单发相比,双打中两人需要照顾的区域比较小,所以双打发球者站位能够略微靠前,通常位于贴近前发球线和中线交接周边的 T 形位置(图 6-20B)。挑选该位置发球的原因是:能够为运动员发球后用最短时间占据网前最佳位置进行第三拍的伺机封网和扑球等抢攻技巧的有效运用提供便利。除此之外,同伴需要结合实际情况在后场中部或中部偏后位置,为回击对方可能回来的后场球做好充足准备(图 6-20A)。

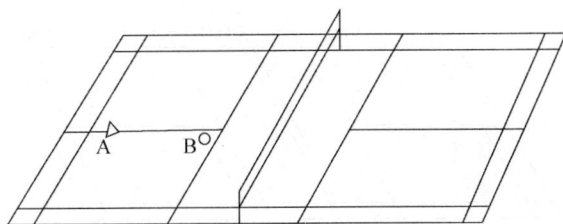

A为双打发球者的同伴站位、B为双打发球者站位

图 6-20

三、双打接发球技巧

（一）接发球站位及准备姿势

1. 双打接发球基本站位

因为双打后发球线比单打后发球线靠近场内 92 厘米,成功缩短的距离使得运动员发球过高后很容易被接发球运动员占据扣杀时机。针对这种情况,通常双打会把发小球作为重要内容,同时双打接发球站位通常会选取在靠近前发球线,旨在顺利实现在网前抢高击球点。

在右发球区接球,接发球者站位略偏左靠近中线,如图 6-21C,其同伴站位如图 6-21D。

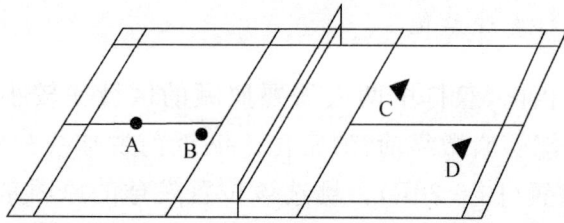

A 为发球者同伴、B 为发球者、C 为右区接发球者、D 为接发球者同伴

图 6-21

在左发球区接球,接发球者站位选择中心位置,如图 6-22C,其同伴站位如图 6-22D。

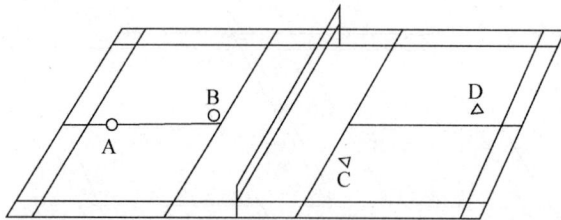

A 为发球者同伴、B 为发球者、C 为左区接发球者站位、D 为接发球者同伴站位

图 6-22

2. 双打接发球准备姿势

以右手持拍为例,双打接发球准备姿势是接发球运动员左脚全脚掌着地在前,右脚前脚掌触地在后,把重心置于左脚,双膝略微弯曲,右手屈肘举拍直至头顶前上方位置,眼睛直视对方的球拍与球。

(二)前场接发球技巧

1. 双打正手前场接发球技巧

(1)准备姿势。运动员完成判断来球环节后,持拍手正手握拍微外旋展腕引拍伸向来球方向,右脚前跨步为击球做充足准备。

(2)击球动作。正手推扑球是指在来球高点期手腕在前臂快速内旋的带动下完成转动,屈食指紧扣拍柄发力,正拍面朝着前下方,准确拍击球托的正部;正手拨半场球是指在来球的高点期通过食指与拇指捻动拍柄发力,通过斜拍面手腕动作朝着对方半场区域拨击球托右侧。

(3)击球后掌心朝下,持拍手专门完成制动动作,在此之后把球拍收回到头顶前上方的还原位置上,为下拍击球做好充足准备。

2.反手前场接发球技巧

(1)接发球判断。持拍手反手握拍并伸向来球方向,右脚前跨步并完成内旋引拍,进而为击球做好充足准备。

(2)击球动作。反手接发拨半场球是指在来球高点期拇指与食指捻动拍柄,通过斜拍面收腕动作朝对方半场区域拨击球托后侧;反手接发推扑球是指手腕在来球高点期前臂在快速内旋的带动下进行转动,拇指前顶牢牢握住拍柄朝前下方发力,利用反拍面对球托正步进行拍击。

(3)完成击球环节后,专门做出制动动作,然后把球拍收回到头顶前上方的还原位置,进而为下拍击球做好充足准备。

四、双打前场击球技巧

(一)前场击球前准备姿势

两腿分立,分立距离和肩部宽度相同,两膝微屈,脚踵提起。运动员持拍手屈肘高举到头前上方,拍头微微偏向左侧。左手自然朝上方抬举,从而让身体处于平衡状态。

(二)前场击球技巧

1.正手、头顶封网击球技巧

(1)击球动作。精确判断来球方向,确定好击球点后手肘朝上方抬起,前臂后倒完成回环引拍,为击球做充足准备。击球动作的要求有:动作幅度小、动作速度快、手腕在来球高点期前臂快速内旋的带动下完成闪动,把球朝对方场区前下方进行击压。对于正手封网来说,击球点位于右肩上方或右肩斜上方;对于头顶封网来说,击球点位于左肩斜前上方。

(2)结束动作。在击球后,持拍手应当收回至前场击球前的准备姿势,为下一拍击球做好充足准备。

2. 反手封网技巧

(1)接发球判断。通过前场反手接发球步法朝来球方向移动并跨步,并且手腕呈展腕姿势,随后在持拍手上臂和前臂的带动下做内旋引拍,为击球做好充足准备。

(2)击球动作。击球时,手腕在来球的高点期前臂迅速外旋向前挥动,拇指前顶,收腕发力将球向对方场区的前下方击出。

(3)结束动作。在击球之后,持拍手固定于击球高度,同时专门完成制动动作,向下一拍击球做好充足准备。

五、双打中场击球技巧

(一)中场击球前准备姿势

羽毛球运动员两腿分立,分立距离和肩部宽度大体相同,两膝微屈,脚踵提起,将身体重心往下降,处在双打半场中心位置。持拍手握拍位置朝上方移动,屈肘并放在身体前侧,拍头略微朝左侧偏离,左臂自然屈肘在身体一侧的位置,两眼紧盯对方球拍以及球。

(二)中场击球技巧

1. 中场正手平抽、快挡击球技巧

(1)接发球判断。尽早做出明确判断,用最短时间移动。在

跨步过程中,把肩部当成轴,手臂屈肘朝后拉,前臂向后外旋回环带动手腕伸展引拍。

(2)击球动作。对于正手平抽球击球来说,肘关节后摆,手腕借助前臂快速向前内旋屈收的力量进行发力,朝前面推压击球;对于正手快挡球击球,应当利用食指和拇指向球拍面实施控制,朝前方推送击球。和平抽球的击球点相比,挡球的击球点能够略低一点。

(3)结束动作。由于击球后惯性动作相对较小,羽毛球运动员应当专门完成制动动作,与此同时右脚应当回位,从而为下一拍击球做好充足准备。

2. 中场反手平抽、快挡击球技巧

(1)接发球判断。尽早做出明确判断,用最短时间完成移动过程。持拍手把肩部当成轴,上臂带动前臂内旋回环引拍,伸向来球方向。

(2)击球动作。对于反手快挡球的击球动作来说,运动员应用反拍面对准来球,保证击球动作的坚决和突然,严禁出现幅度过度明显的引拍,通过拇指和食指灵活控制球拍,朝前面推送挡球;对于反手平抽球来说,击球时手腕必须借助前臂外旋力量来屈收闪动,通过拇指顶力朝前推动发力击球。

(3)结束动作。运动员完成击球后,前臂需要专门完成制动动作,为下一拍击球做好充足准备。

六、双打后场击球技巧

与单打后场击球技巧相比,双打后场击球技巧与其存在很多相似之处,但依照双打比赛的详细特征,能为双打后场击球技巧补充以下内容。

(一)后场正手击球技巧

(1)接发球判断。运动员准确判断来球路线之后,需要运用后退步法朝来球方向移动,持拍手需要屈肘上举到体侧肩高位置,并且通过上臂带动前臂后倒外旋回环引拍,为击球做充足准备。

(2)击球动作。对于点杀击球来说,在球高点期时,运动员应保证上臂充分配合前臂,借助手腕与手指发力点击球托;对于拦截击球来说,运动员的持拍手应当正手握拍直接伸向来球方向,手指借助手腕内收作用略微发力,通过球拍斜面对球托实施拦击。

(3)结束动作。运动员完成击球动作后,专门做出制动动作,用最短时间收拍到身体前面,为下一拍回球做好充足准备。

(二)后场反手拦截球技巧

(1)接发球判断。运动员准确判断来球路线之后,左脚朝身体左侧来球方向迈出一步,右脚经左脚交叉向来球方向跨出第二大步,同时持拍手以肘为轴做小弧度内旋引拍,尽最大可能在较高击球点击球,伸向来球方向。

(2)击球动作。手腕从微展转变为内收发力,对球托的后部实施抹击。

(3)结束动作。运动员完成击球动作后,专门做出制动动作,用最短时间收拍到身体前面,为下一拍回球做好充足准备。

(三)头顶拦截球技巧

(1)接发球判断。运动员准备判断来球路线后,两脚蹬地朝后场头顶来球方向斜步起跳,持拍手后仰引拍,为击球动作做充足准备。

(2)击球动作。手指和手腕对拍面进行灵活控制,对球托实施抹击。

(3)结束动作。运动员完成击球动作后,专门做出制动动作,用最短时间收拍到身体前面,为下一拍回球做好充足准备。

第七章 羽毛球战术原理分析与实践指导研究

战术能力在羽毛球运动员的竞技能力体系中占据着非常重要的地位,发挥着举足轻重的作用。运动员在羽毛球比赛中要想战胜对手,获取优异成绩,不仅需要娴熟的技术做保障,还需要根据自身和对手的特点有针对性地采取战术争取主动权,抢占优势。因此,在羽毛球教学与训练中,战术的教学与训练同样不可忽视。本章主要就羽毛球战术原理及实践进行分析与研究,以科学指导学生习练羽毛球战术,提高学生的羽毛球战术意识与能力。

第一节 羽毛球战术基本原理

一、羽毛球战术概述

(一)羽毛球战术的概念

在羽毛球比赛中,运动员为展现自己的高超竞技水平,战胜对手,取得比赛胜利而采取的所有计谋和行动总称为羽毛球战术。

(二)羽毛球战术与羽毛球其他竞技因素的关系

决定羽毛球运动员在比赛中成败的竞技因素主要有身心素质、羽毛球技术及羽毛球战术。这些要素是一个有机的整合,密切联系,相互依存与制约,而且缺一不可。

具体来说,羽毛球专项身体素质、羽毛球技术是羽毛球战术的物质基础,良好的羽毛球专项心理是运动员灵活运用羽毛球战术的思想保证。在羽毛球比赛中,运动员总是通过一些实践的战术配合行动来展示自己良好的体能与心理,展现自己高超的技术能力,而正因为具备这些能力,运动员才能熟练运用合理的战术去制胜对手。羽毛球运动员战术能力的提高还有利于促进技术的巩固和身心素质的健康发展。

二、羽毛球战术的指导思想

快、狠、准、活是羽毛球运动的技术风格,也是羽毛球战术的重要指导思想。此外,在选择战术打法时,运动员要时刻谨记积极主动,要以我为主、以快为主、以攻为主。

（一）快、狠、准、活

1. 快

羽毛球运动员在比赛中的"快"体现在判断、反应、起动、移动、回动、抢位、击球、实击、反攻等方面。运动员只有在这些方面以快为主,才能争取主动权。

2. 狠

羽毛球运动员在比赛中进攻凌厉,球路富于变化,落点刁,连续进攻,突击迅速等都是"狠"的具体表现。

3. 准

羽毛球比赛快速多变,这就要求运动员在赛场上准确抓住机会作战,且球的落点要准,能够准确灵活地运用技术。

4. 活

羽毛球运动中的"活"主要从握拍、站位、步法、战术变化等几个方面体现出来。

（二）积极主动

1. 以我为主

（1）羽毛球运动员在赛场上不要将自身的技术水平积极施展出来，不要轻易被对手所影响。

（2）在对手凌厉进攻时，要加大反击，将对方的士气压下来。

（3）运动员要灵活采用多种战术，将主动权掌握在自己手中。

2. 以攻为主

羽毛球运动员在比赛中要想尽快得分，就要积极主动地进攻，一味防守是没有机会得分的。但羽毛球赛场情形千变万化，攻守转换速度非常快，这就对运动员"能攻善守"的素质提出了较高的要求，强调运动员要在防守时寻找机会果断进攻。

3. 以快为主

羽毛球比赛中，运动员每时每刻都要抢时间、争速度，将一切有利的时机掌握好，尽可能达到速战速决的效果。但这也不是绝对的，具体要以战术变化情况为依据来调节速度，适当的时候可以稍微放慢速度。

三、羽毛球战术运用的原则与注意事项

（一）羽毛球战术运用的原则

1. 依靠技术

不管在哪项运动中，技术始终都是战术的基础。运动员能否达到战术运用的要求，要看其技术掌握得是否全面，技术水平是

否较高。只有技术全面,战术才能多样化,战术的变化和发展反过来对于技术的改进和提高又有积极的推动作用。二者相互促进,因此运动员在比赛中始终要依靠羽毛球技术来完成战术。

2. 明确目的

运动员不管采用什么战术,都要明确自己采用该战术是为了达到什么样的目的,这样在运用战术时才能有的放矢,扬长避短,控制比赛全局。

3. 坚定战术意识

在羽毛球比赛中,战机很多,但往往多是转瞬即逝,因此运动员要有的放矢地处理好每一个球。在快速攻守的过程中,运动员对场上形势进行正确估计,并在估计的基础上不断加强进攻,抓准时间,及时调整状态,并采用有效的手段制衡对手,这都是战术意识的基础。对运动员的战术意识进行培养,要求运动员对羽毛球各种技术、战术的一般规律有一个深入的了解,并加强对羽毛球技战术的系统训练,在比赛实践中积累经验,再在实战中运用已有经验,经过不断总结和实践运用,使运动员能够敏锐观察赛场情况,并灵活快速地做出相应的反应。

4. 灵活使用配套战术

运动员在羽毛球赛场上往往不会采用单一的战术,而是将几个战术结合起来进行配套运用,或者针对对方的打法采用相对应的战术来制衡对手。运动员要熟练掌握战术的套路,并结合自己的实际情况和赛场情况灵活运用。此外,运动员还要以对手的打法特点为依据来对战术进行灵活调整。只有扎实地练习每个战术,并灵活进行配套使用,才能发挥出战术应有的效果,实现战术运用的预期目标。

羽毛球运动员不管是采用进攻战术,还是采用防守战术,都应力求灵活善变,切忌死板教条,善于对各种攻防战术灵活运用和变换,使对手防不胜防,从而获取比赛优势。

（二）羽毛球战术运用的注意事项

羽毛球运动员在比赛中使用战术需要注意以下几个要点。

1. 调动对方位置

场区的中心位置是对方的正常站位,但在比赛中为了避免对方接到球并回击,需全面照顾各个角落,给对方击球制造困难。倘若可以运用合理的战术使对手从中心位置离开,则利用空当迅速进攻,使对方慌了阵脚。

2. 争取主动

在羽毛球比赛中,为争取主动权,给对方击球制造困难,压制对方的击球质量,可采用发球、平高球、劈杀或网前搓球等技术,如果对方击球质量不高,可继续加大进攻威力,通过大力扣杀和网前扑杀取得优势。

3. 使对方重心失去控制

运动员处理网前球或后场球时,为将对方步法打乱,使对方难以控制身体重心,迫使其不得不击出低质量的球,可利用重复或假动作,这样对方就很容易处于被动局面。

4. 扬长避短

以己之长攻彼之短是在所有体育比赛中都适用的原则,也是运动员在比赛中需要注意的一个基本要求。运动员在羽毛球比赛中需先对对手的弱点有一个基本的了解,从而有效采取战术来攻其不备,使其处于不利的局面。

5. 消耗对方体力

将球的落点控制好,利用整个场地尽量将球击向对方场区的四角,使球离对手最远,这样对手就不得不跑较长的距离来回球,长时间的跑动会使对方的体力消耗殆尽。在对手体力大量消耗时再进取,会取得一定的优势。当然自己也要学会如何节省体力,如尽量使自己的动作放松,步法移动少。

第二节　羽毛球单打战术习练指导

一、羽毛球单打战术学习指导

（一）发球抢攻战术

羽毛球比赛中,每个回合都以发球为开端,发球是不受对方限制的一项技术,发球者需以对手的站位、回球的习惯路线、反击能力、自己的水平等因素为依据,发一些变化多端的球,但要注意符合规则中的相关规定。发球者要合理控制发球弧度和球的运行线路,目的是将对方预先安排的战略部署打乱,这样才能抢先掌握主动权。所以,发球在羽毛球比赛中是非常关键的一环。发球者要掌握好发球强攻战术,占取先机。

图 7-1 显示的是发球强攻中,球发出后的落点区域。

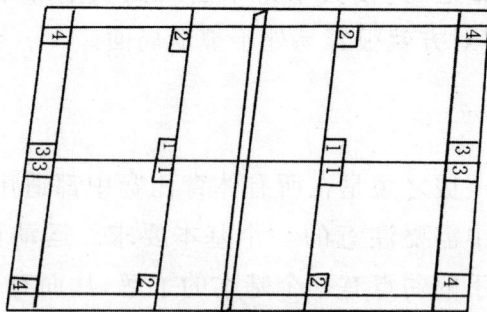

图 7-1

1. 发前场区球抢攻战术

避免对方将球下压、限制对方接球进攻、为自己抢攻创造良好的机会等是发前场区球的主要目的。

　　发前场区球时,选择发 1 号区球、2 号区球、1 号和 2 号区之间球及追身球等均可。为减少发球失误出现的可能性,一般发后两种球。对方回球后,要及时回击,回击时采用的击球技术主要有搓球、推球、扑球、杀球、勾对角线球等,具体需以对方回球落点及质量为依据来选择。图 7-2 至图 7-8 是己方发前场区球落点、对方回球线路及落点、己方回球线路。

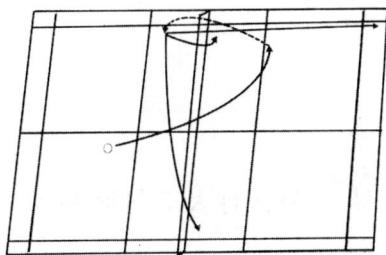

图 7-2

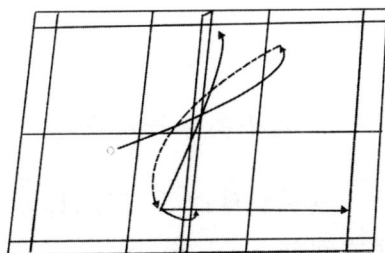

图 7-3

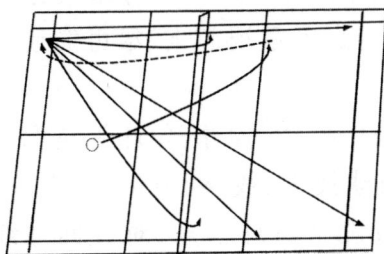

图 7-4

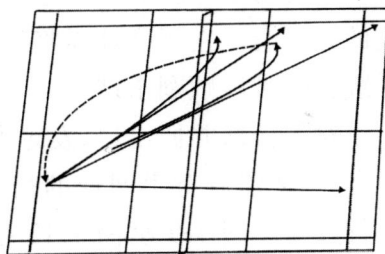

图 7-5

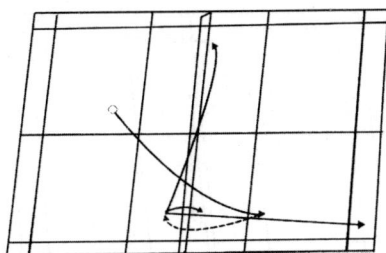

图 7-6

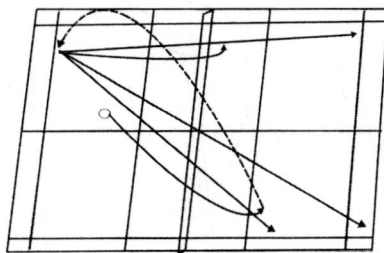

图 7-7

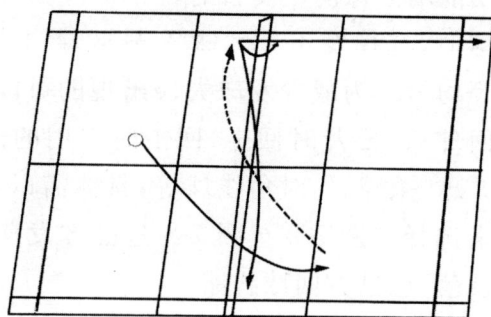

图 7-8

2. 发平高球抢攻战术

发平高球时，一般选择发 3 号区球、4 号区球及 3 号区和 4 号区之间球。

发平高球时，球极速飞行，对手需迅速移动到后场接球，这就容易干扰对手，使其难以进行高质量的回球，这对本方来说是进攻的好机会。发平高球需将球的飞行弧度重视起来，尽可能使对手跳起后难以顺利击球。

对手接球并回击后，发球者可采用挡球、抽球、勾球等技术来回击，具体需以对手回球的情况（回球技术、线路、力量、落点等）进行选择。图 7-9 至图 7-15 是己方发平高球落点、对方回球线路、落点及己方回球线路。

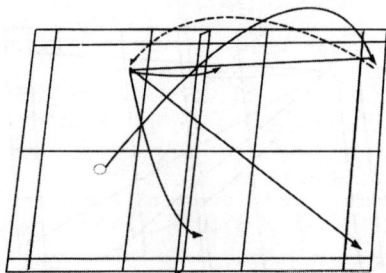

图 7-9

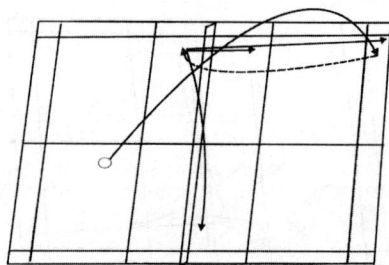

图 7-10

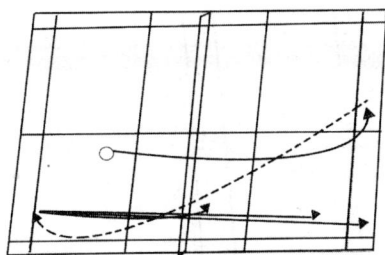
图 7-11

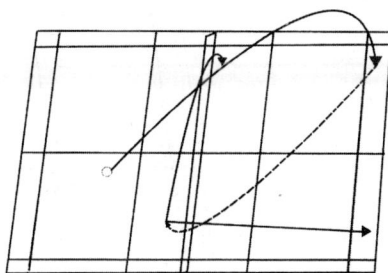
图 7-12

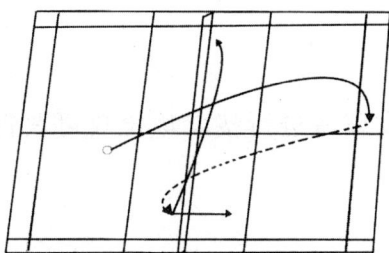
图 7-13

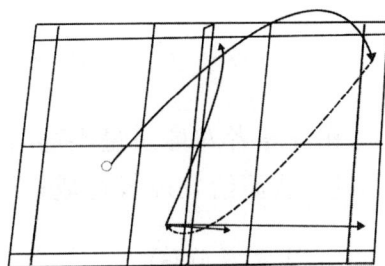
图 7-14

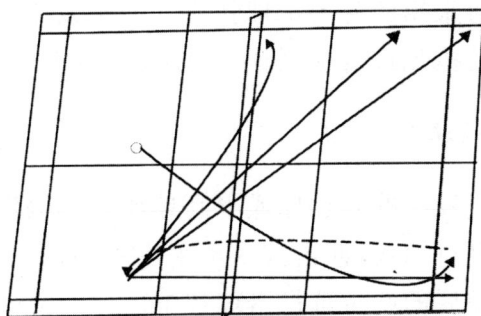
图 7-15

3. 发平射球抢攻战术

发平射球时,一般将落地选择在对方反手位 3 号区,如图 7-16 所示。与发平高球相比,发平射球的速度较快,弧线较低。如果对手反应能力较差,或站位比较靠前,或偏离中线,采用这种发球技术可以使对手处于被动不利的局面,对手不得不退到后场回球,这样发球者就可以利用空挡主动进攻。

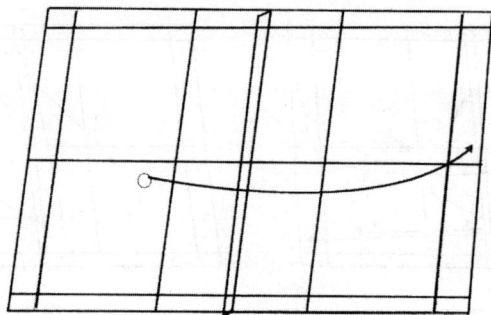

图 7-16

（二）接发球抢攻技术

在发球者发球质量不高时，接发球者进行接发球抢攻可获得主动权，从而给发球者造成威胁。

1. 接发网前球

接网前球时，尽量选择较高的击球点，推球、放网前球、挑高球等都是回击时采用的主要击球技术。如果发来的球弧线较高，接发球者可直接抢先进行上网扑杀，以威胁对手。

2. 接发高远球、平高球

如果发球者发出的高远球或平高球质量不高时，接发球者可利用这个机会进行抢攻，回击技术可采用平高球、吊球或杀球，具体需以对手发球后的站位选择击球技术。

3. 接发平射球

发球者发平射球时，接发球者采用快杀技术或追身球还击，也可拦吊对角网前球进行回击。

（三）连续使用单个击球技术的进攻战术

在羽毛球比赛中，连续对某一个击球技术进行使用，可获得有利的进攻机会，使对手回球失误或影响对手的回球质量。

1. 同一后场区连续使用平高球

如果对手底线击球技术水平不高,侧身后退移动步法差,针对对方同一场区连续使用平高球进攻战术可使对手回球失误,从而本方可占取先机,增加得分的机会。图 7-17 至图 7-25 是同一后场区连续使用平高球的进攻战术。

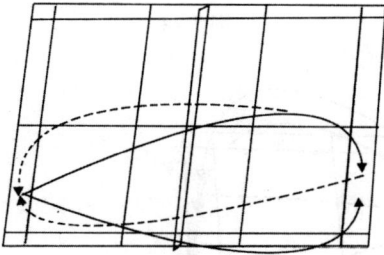

图 7-17

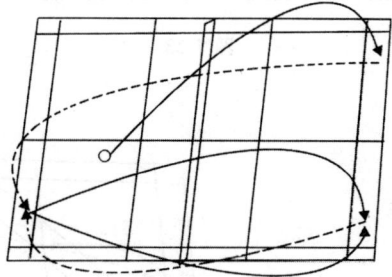

图 7-18

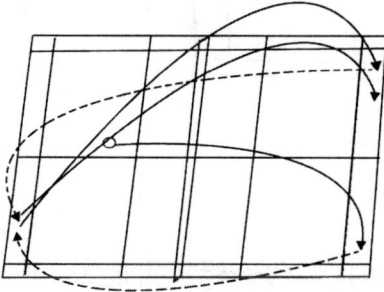

图 7-19

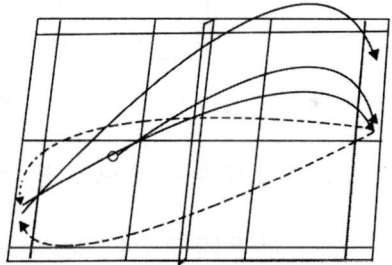

图 7-20

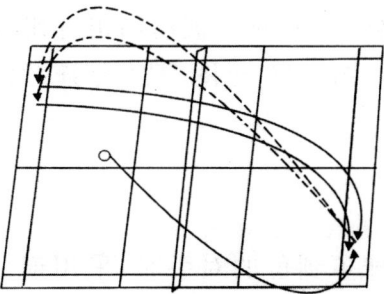

图 7-21

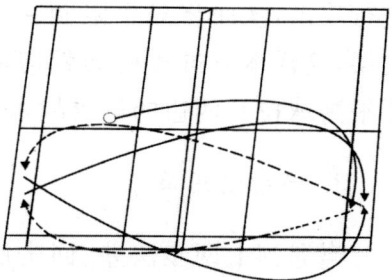

图 7-22

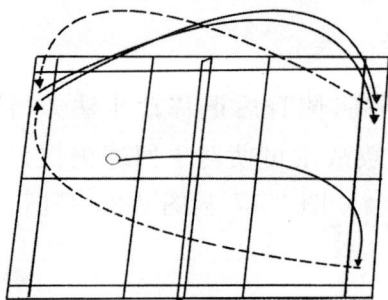 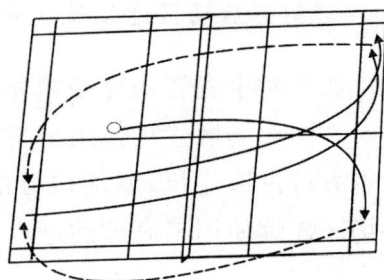

图 7-23   图 7-24

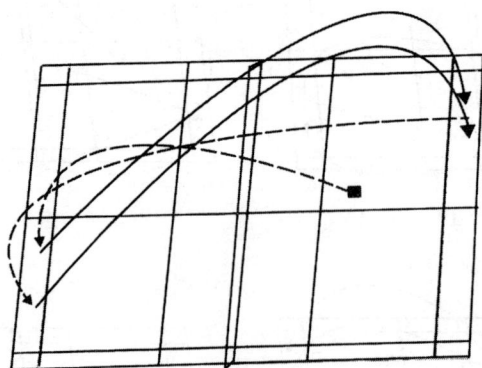

图 7-25

2. 连续使用平高球拉开两边

如果对手回动上网快,但不具备良好的底线攻击能力,可采用这一战术争取优势。

采用这一战术时,需针对对方两边底线连续采用平高球技术进行攻击,从而将对手限制在底线处,迫使对手被动回击并出现失误,这样本方进攻机会就增加了。图 7-26 至图 7-31 是连续使用平高球拉开两边的进攻战术。

3. 连续使用吊球

当遇到上网步法差、回击底线球不到位的对手时,采用连续吊球的进攻战术比较适宜。

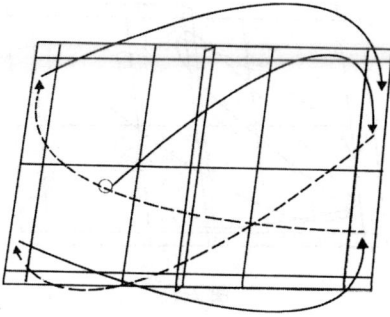

图 7-26

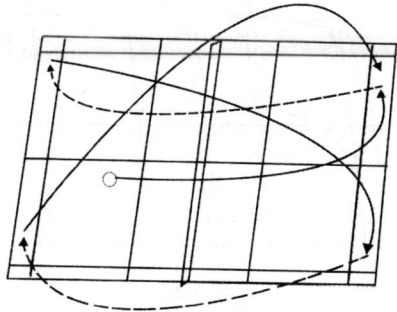

图 7-27

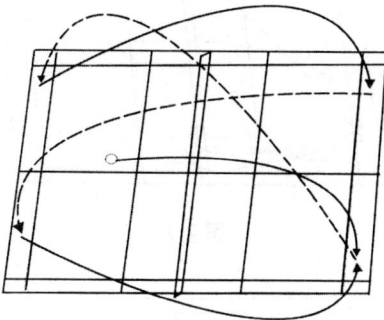

图 7-28

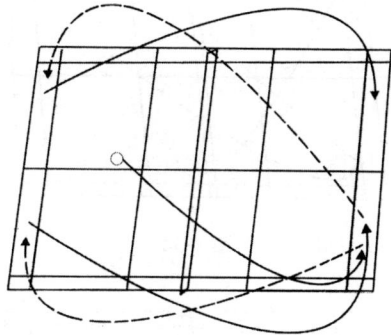

图 7-29

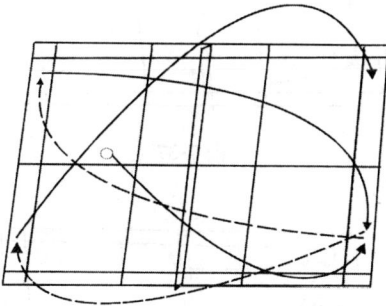

图 7-30

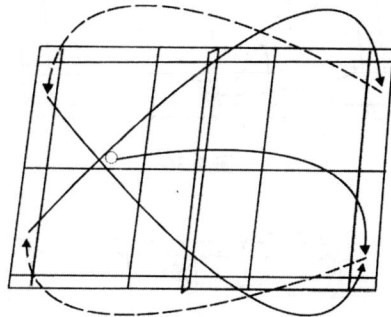

图 7-31

在比赛中,需以场上情况为依据,合理采用慢吊与快吊的技术,这样主动进攻的机会就会增加。连续使用吊球的进攻战术(网前一点或两边)如图 7-32 至图 7-39 所示。慢吊(轻吊、近网吊)和快吊(劈吊)球的飞行轨迹如图 7-40 所示。

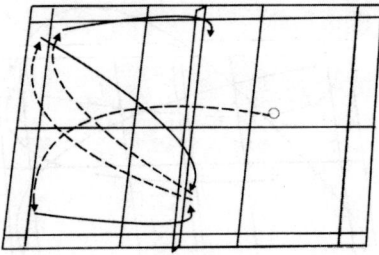

图 7-32

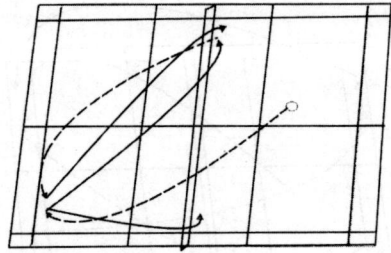

图 7-33

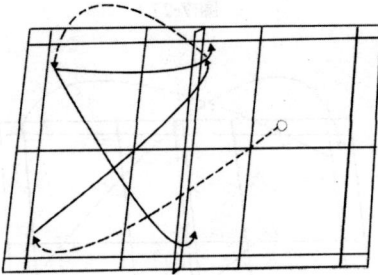

图 7-34

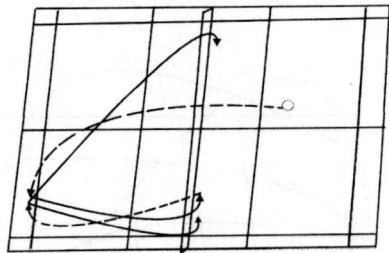

图 7-35

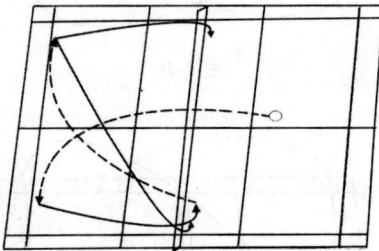

图 7-36

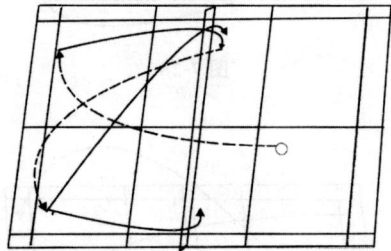

图 7-37

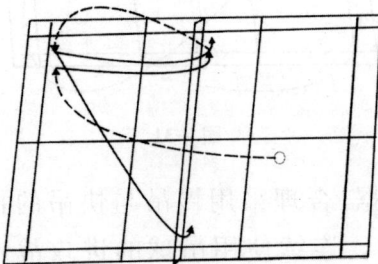

图 7-38

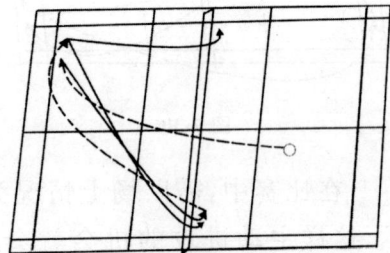

图 7-39

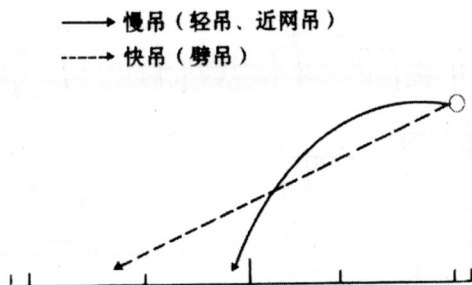

　慢吊（轻吊、近网吊）
----　快吊（劈吊）

图 7-40

4. 连续使用杀球

连续杀球的进攻战术适合在遇到防守过程中习惯反拉后场球的对手时采用。

杀球进攻中,轻杀、重杀、短杀、长杀等杀球技术需结合起来使用,从而不断调动对手移动,为其防守增加难度。

5. 连续使用搓球

连续使用搓球的进攻战术适合在遇到网前搓球后习惯快速回位至中场的对手时采用,这样可以将对手快速回位的意图打破,使对手处于被动。连续使用搓球的进攻战术如图 7-41 至图 7-44 所示。

6. 连续使用推球

连续使用推直线球的战术适合在遇到网前回球后习惯快速回位至中场的对手时采用,以获取主动权(图 7-45)。

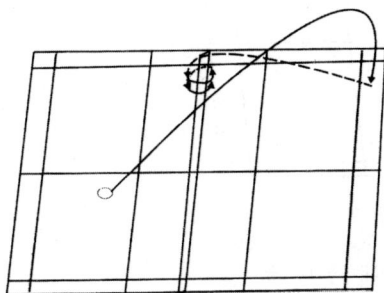

图 7-41

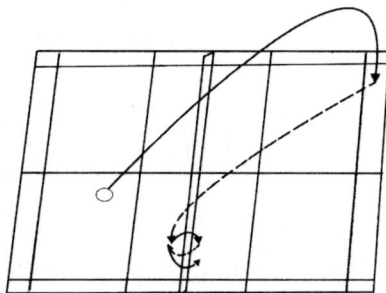

图 7-42

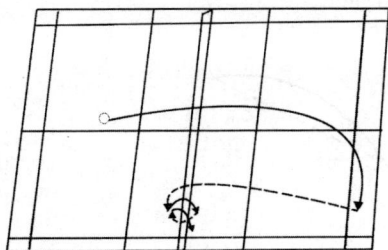

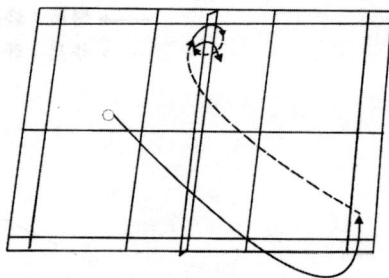

图 7-43   **图 7-44**

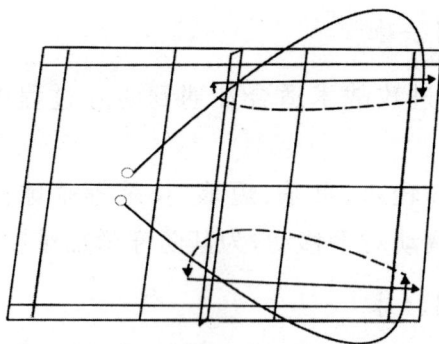

图 7-45

7. 连续使用两边勾对角线球

在比赛中,如果对手步法移动慢、转身慢,当其网前回搓勾球后退回原位时,本方可再次勾对角线球进行回击(图 7-46)。

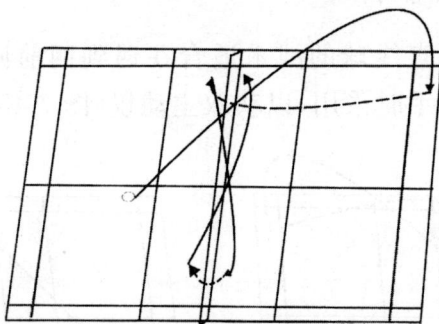

图 7-46

(四)单个击球技术相互结合的进攻战术

连续使用哪种击球技术来进攻,需以对手的特点为依据进行选择。不仅一种技术的连续使用可以取得好的效果,多个击球技术的综合使用也有利于在赛场上掌握主动权。

羽毛球运动中,单个击球技术相互结合的进攻战术常见的有以下两种。

1. 杀、吊上网

如果对手网前技术差,在其回击后场高球后,本方可采用劈吊、点杀等技术将球下压,将球击向对方两边线附近,使对手移动到网前来接球,对手回球后,本方为获得主动,可采用搓球、勾球、推球等击球技术来创造中场杀球的良好机会。

进攻方采用这种进攻战术时,防守方需具备良好的控制杀球、吊球落点的能力。

2. 拉、吊结合杀球

以对手的特点为依据,采用不同的拉、吊方法可以获得主动出击的机会。以下几种情况可采用这一战术。

(1)如果对手体力较差,可结合多拍拉后场平高球、吊网前两边球等技术来使对方在前后场不断移动接球,使其体力在短时间内耗尽,这时对手的回击球质量就会降低,本方就会获得杀球致胜的机会。

(2)如果对手步伐移动速度慢,可结合多拍拉平高球至后场、吊前场球等技术将对手的步法习惯打乱,使对手击出低质量的球,从而为本方杀球致胜创造良好的机会。

(3)对于反手击球能力较差的对手,连续拉球至对手后场反手区,对手为了弥补反手击球的不足,会使用反手回球、头顶球来回击,这时本方再结合吊球逼对手回中场高球,为本方杀球进攻创造良好的机会。

(五)防守战术

羽毛球比赛中,攻守转化迅速,防守方应积极防守,以对手进攻特点为依据对防守战术进行调整,从而获取主动权,在合适的机会主动进攻,转守为攻。

1. 回击底线高远球进行防守(图 7-47)

当处于防守状态时,多拍向对手底线击高远球,当对手回击球质量较差时,迅速抓住机会由守转攻,掌握主动权。

防守方需要注意,发高远球有机会获取主动权,而发平高球则改变局面的可能性较低。当知己转攻为守时,采用平高球来主动进攻。

2. 使用网前击球技术进行防守(图 7-48)

防守方要对对手进攻中球的网前落点进行观察与判断,并在此基础上采用勾对角网前、结合挡直线网前等来积极防守,伺机进攻,掌握主动。

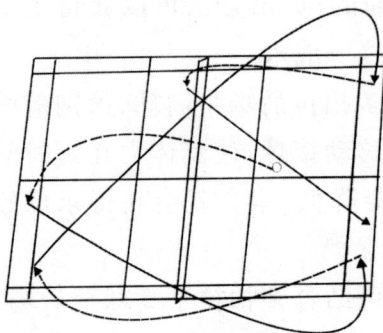
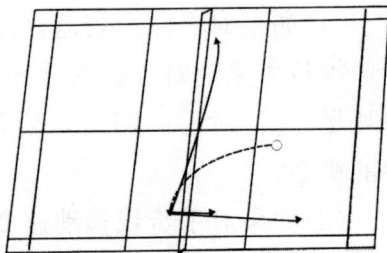

图 7-47   图 7-48

二、羽毛球单打战术训练指导

(一)固定球路训练

以羽毛球战术要求为依据,将两项或两项以上的击球技术组合起来反复进行练习的过程就是固定球路训练方法。学生在初学羽毛球战术时,可通过这种训练方法对简单的羽毛球战术球路进行学习。采用这一训练方法进行训练,可使动作的衔接更加连贯,可促进战术执行时击球质量的提高。但一般这种训练方法不单独使用,需与其他方法结合进行使用。此外,在实战中采用这种训练方法,更能发挥其作用。

固定球路的训练方式主要有以下几种。

1. 高、吊配合训练

(1)对角高球直线吊球训练法(图 7-49)

甲方在右场区发高远球,乙方以对角高球回击,甲方也同样以对角高球回击,乙方吊直线球,甲方放直线网前球,乙方挑直线高球,甲方回击对角高球,乙方再以对角高球回击,甲方吊直线球,乙方放直线网前球,甲方挑直线高球,乙方以对角高球回击,反复练习。

在左场区的训练方法和在右场区相同。

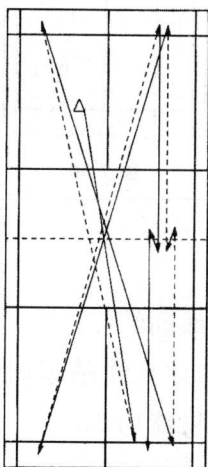

图 7-49

(2)对角高球、吊球训练法

甲方在右场区发高远球,乙方以对角高球回击,甲方吊对角线球,乙方挑直线高球,甲方以对角高球回击,乙方吊对角线球,甲方挑直线高球,如此反复练习。

发球者在左场区发球时的训练方法和在右场区相同。

（3）直线高球对角训练法（图 7-50）

甲方击直线高球，乙方以直线高球回击，甲方也以直线高球回击，乙方吊对角球，甲方放直线网前球，乙方挑直线高球，甲方以直线高球回击，乙方再以直线高球回击，甲方吊对角线球，乙方放直线网前球，甲方挑直线高球，回复至开始，循环练习。

因为球路是比较固定的，所以随着反复的练习，失误会越来越少。

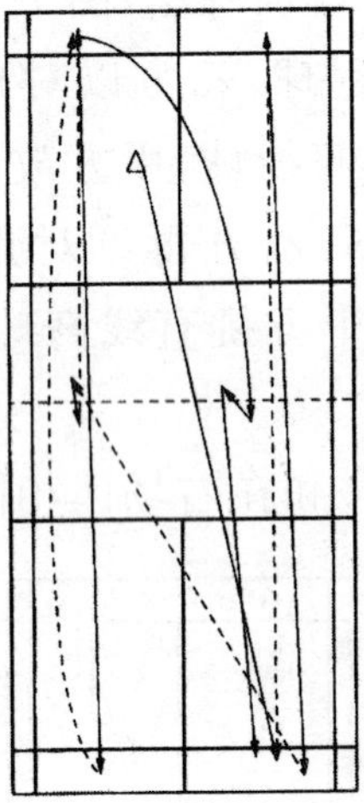

图 7-50

2. 高、杀配合训练

（1）对角高球直线杀球训练

训练时球路与对角高球直线吊球训练法相同。

（2）直线高球和杀对角球训练法

练习球路与直线高球结合对角吊球的练习相同。

3. 吊、杀配合训练法

（1）吊直线杀直线训练法，如图 7-51 所示。

（2）吊直线杀对角训练法，如图 7-52 所示。

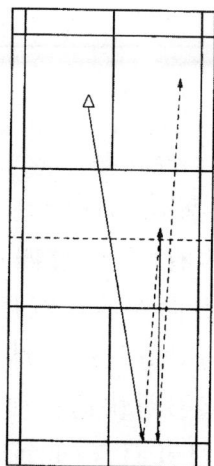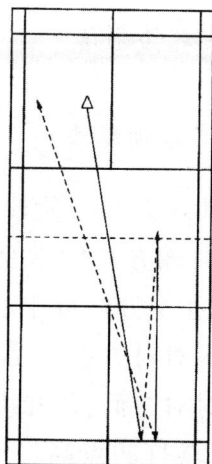

图 7-51　　　　　　　图 7-52

甲在右区发高球,乙先吊直线球,甲接吊挑直线球,乙杀对角球。这样训练一方可练吊杀,练习一段时间后甲、乙交换,双方均有机会进行吊杀和接吊杀的练习。

(3)吊对角杀直线训练法,如图 7-53 所示。

(4)吊对角杀对角训练法,如图 7-54 所示。

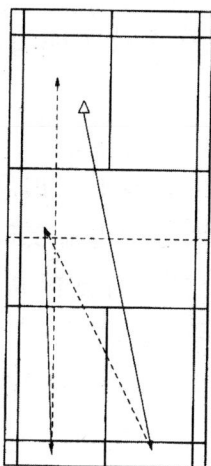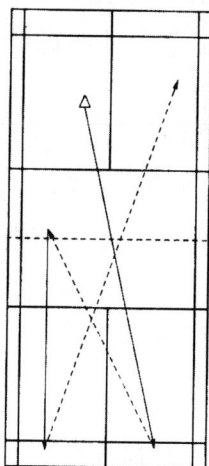

图 7-53　　　　　　　图 7-54

上述练习方法中,挑球一方都是挑直线球。在实际比赛中,选手需以实战需要为依据对固定球路的组合方式进行设计与选用。

（二）不固定球路训练

1. 不固定高吊训练法

在高吊球训练的高级阶段需要采用不固定高吊训练法来进行练习。这种训练方法的常见形式有"二点打四点""四点打二点"。练习者站在本方区域中心点上向左右后场区域移动，采用高球或吊球技术对对方进行控制，而对方只能将球回击到练习者后场的两边。对对方而言，此练习能够对快速移动接高吊的能力进行培养；对二点打四点高吊的练习者而言，此练习可促进高吊手法一致性的提高。对四点打二点接高吊的练习者而言，可对其控制全场的能力进行训练。

总之，不固定高吊训练法有利于促进练习者判断能力、反应能力、移动能力以及控制能力的提高。

2. 不固定高杀训练法

（1）高杀对接高杀抢攻训练法

这种抢攻训练法可促进练习者高杀技术能力的提高及抢攻意识的增强。

（2）高杀对接高杀训练法

练习者可任意打高球，在来回高球多于三拍后，伺机结合杀球来进攻。如果对方打高球回击，练习者也需要以高球还击；如果对方打杀球回击，练习者可上网放网，对方接高杀球再以挑底线高球回击。如此反复练习，可促进练习者高杀进攻能力的提高。

3. 不固定吊杀训练法

（1）吊杀对接吊杀抢攻训练

练习者均可采用吊球或杀球来进行练习，此训练可促进练习者吊杀技术水平的提高和抢攻控网意识的增强。

（2）吊杀对接吊杀训练法

练习者可任意采用吊球或杀球，如果对方以吊球回击，练习者接吊杀球并以高球回击；如果对方打杀球，练习者可上网放网，对方接吊杀球并以挑高球回击，反复进行练习，可促进练习者吊杀上网进攻能力和接吊接杀防守能力的提高。

4. 高、吊、杀配合训练法

这种不固定球路的高级训练方法一般在练习者基本功扎实，并形成一定的战术素养后才会采用。这种训练方法具体有高吊杀对攻训练、半边场地高吊杀综合训练、全场高吊杀对接高吊杀训练等几种形式。

（三）多球训练

练习者依次回击 2 个或 2 个以上的来球，以实现提高回球反应能力、回球准确度等目的的训练方法就是多球训练法。

由教师给练习者发球，可根据训练要求采用不同的路线、速度以及不同的组数、个数。当一名练习者练完一组后，换另一名练习者按照同样的方法继续训练。每组练习者以 3 人左右为宜，以保证训练密度的合理性。

多球训练中也会采用多球对练的形式进行训练。即根据训练需要取 2～4 只球进行练习，出现失误后，不需要专门去拣球，将手中的球再发出去即可，这样就可以留出更多的时间来训练，也可增加击球次数。

（四）多人陪练训练

为了提高练习者的训练效果，安排两名或两名以上的多人进行陪练的方法就是多人陪练训练法。二对一的陪练法多在羽毛球单打战术训练中采用，具体训练形式有以下几种。

1. 二一式左右站位陪练法

一人进攻时按战术线路要求发起进攻，其余二人各自负责半个场区进行防守。两人进攻时要依据战术意图及相关要求发起进攻,又有目的性,避免盲目进攻,在还击时要依据单打的节奏及路线控制速度。

2. 二一式前后站位陪练法

两人一前一后准备进攻,另一人负责防守。位于后场的进攻者主要采用的进攻技术是高、吊、杀等,位于前场的进攻者主要采用的进攻技术有搓、推、勾等,这样可使进攻速度增加,使进攻难度提高,从而提高训练效果。

(五)实战训练及比赛训练

实战及比赛训练是为了提高练习者的实战能力,使其在比赛中能够发挥自如,因此说,这一训练方法是为了比赛而服务的。在实战和比赛训练中,要有机结合训练与实战,模拟正式比赛来进行战术训练。此外,在练习过程中,也可以组织队内、队外的热身赛,实现以赛带练的效果,从而提高练习者对实战的适应能力。

第三节　羽毛球双打战术习练指导

一、羽毛球双打战术学习指导

(一)发球战术

在羽毛球双打比赛中,发球质量对整个场上的局势有直接的影响。所以,发球方应以对手接发球的站位及技术特点为依据对合理的发球技术进行采用,从而有效控制场上局势,使之对本方有利。

1. 根据接发球方站位来发球

（1）接发球方的站位离后发球线及中线适中

羽毛球比赛中，双打接发球区的范围比单打小，如果发球方发高远球，接发球方可直接通过起跳扣杀来回击，因此发球方主要考虑发前场近网球，即以发 1 号区球和 2 号区球为主。如果接发球方以保护后场为主，通常则以放球、搓球、推球等击球技术来接发球，这时发球方可采用网前扑球、中场及后场跳杀来回击。

（2）接发球方的站位离前发球线近且靠近接发球右区中央

在这种情况下，发球方应主要发后场平高球，且以 3、4 号区为主要落点，有时为了偷袭对手，获得第三拍的进攻，也可以发平射球，使球落在对方接发球区的 3 号位反手位置（图 7-55）。

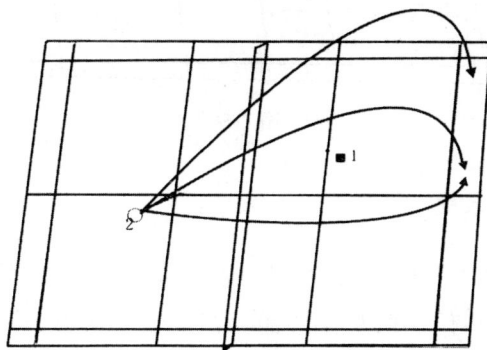

图 7-55

2. 变化发球时间

要善于变化发球时间，使对方难以预测和判断，从而将其启动和回击的节奏打乱，以掌握主动。

3. 依据对手的弱点来发球

（1）根据对手接发球的弱点进行发球

接发球方有的在这个场区难以接发高质量的球，有的在那个场区难以接发球，都有各自的弱点，发球方需针对对手的弱点来发球,使对手出现失误。

(2)根据对手网前、后场击球能力上的弱点进行发球

有些选手网前技术好,后场技术差,这时发球方主要发后场球,使其在后场难以进行高质量的回球。有些选手后场进攻能力强,这时发球方主要发前场球,使其在前场回球,这还有利于将对手的队形打乱,使其难以发挥各自的优势(图 7-56)。

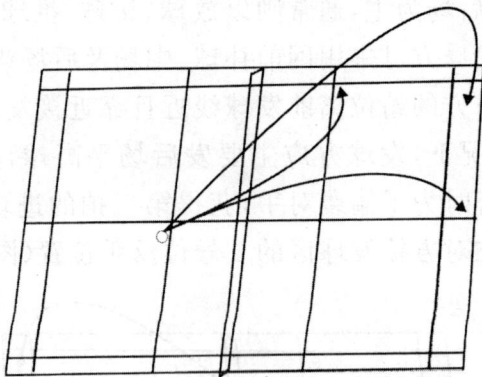

图 7-56

(二)接发球战术

接发球相对来说是被动的,接发球方要想变被动为主动,就需要以对手的站位、发球情况、前后场击球能力、第三拍回球质量等为依据来采用合理的接发球技术。

1. 接发网前球

如果发球方发的是网前高弧度球,接发球方需快速上网将球追身扑向对手(图 7-57)。

如果发球双方是前后站位,且发来的网前球弧度控制较好,可采用平高球来进行回击,将球击至发球者身后的 4 号区,让站位靠后的发球方到 4 号区回球,对手回球后,再将球击到底线另一角,调动站位靠后的对手来回在底线移动,使其防守范围扩大(图 7-58)。

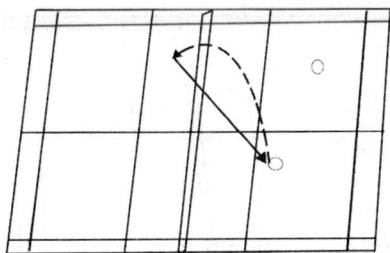

图 7-57

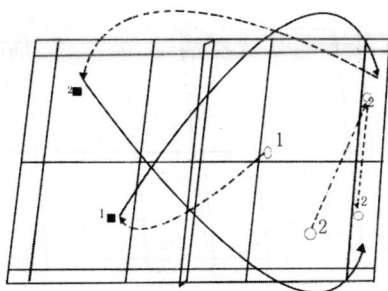

图 7-58

　　如果发球方发球落点在 2 号区,可采用搓球技术来回击,使球落在发球者边线处,也可以沿边线快速平推球,使球落到对方的后场。此外,将球轻推至对方的中场也可(图 7-59)。

　　2. 接发后场球

　　如果发球方发的是后场球,则应迅速扣杀,主要是对发球者追身扣杀(图 7-60)。

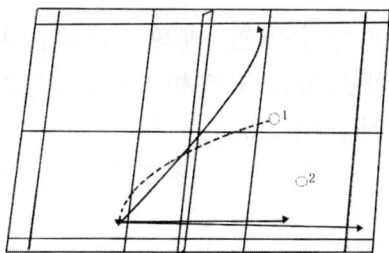

图 7-59

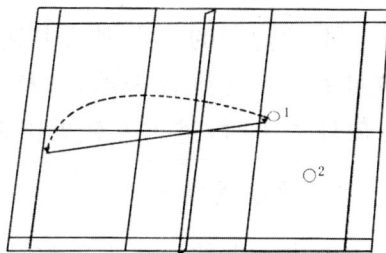

图 7-60

　　如果快速启动扣杀的意图无法实现,则应采用平高球技术进行回击,使球落到对方底线两端(图 7-61)。

　　发球者发球后,如果退到后场准备接对方回击的杀球,则可将球拦吊到网前两角,使对手不得不在网前回击,从而增加对方的移动距离(图 7-62)。

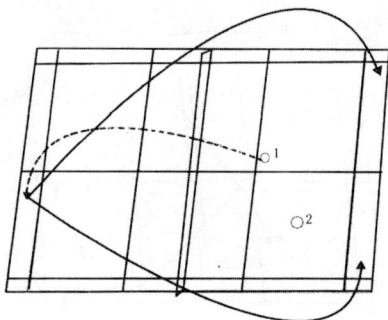
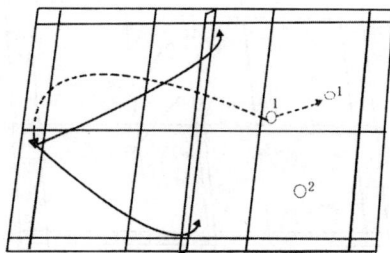

图 7-61   图 7-62

（三）攻人战术

如果两名对手技术能力有高有低,则在击球时,重点向能力较差的对手击,这就是攻人战术。采用这一战术有利于为本方争取进攻的好机会,掌握赛场上的主动权。但具体要以对方击球方向和路线及本方的实际能力为依据而定。

（四）攻区域战术

1. 攻中路战术

不管防守的一方把球击到本方的哪个位置,进攻方都应向两名对手的中间位置击球,这样对方就会抢接球或相互让球,当对方放球回击时,进攻方就可以乘机封网(图 7-63)。

2. 功边线战术

进攻方中的一名选手将球杀到防守方的两边线处,为同伴顺利封网创造良好的机会(图 7-64)。

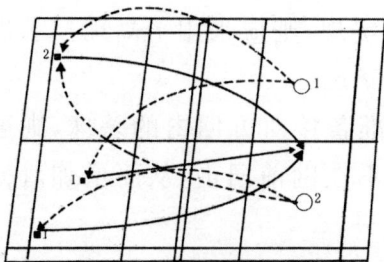
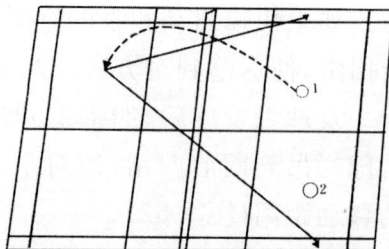

图 7-63   图 7-64

3. 攻身体两侧战术

进攻方交叉杀球,将球击向一名对手身体两侧的战术就是攻身体两侧战术。一般是针对对方中的一名对手采用该战术,但也要视对方的回球情况而定,有时需要中途转向另一名对手(图 7-65)。

4. 攻边线和攻中路相结合的战术

进攻方以防守方的回球路线为依据,对边线进攻和中路进攻的战术交替进行使用。边线进攻的战术用于防守方回球靠边线的情况,中路进攻的战术用于防守方回球靠中路的情况(图 7-66)。

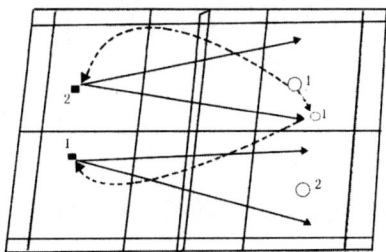

图 7-65

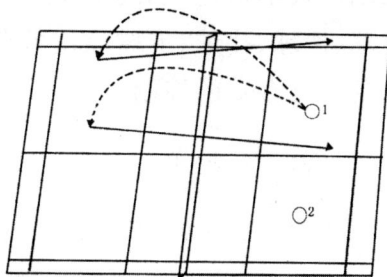

图 7-66

5. 对角攻边线战术

不管防守方将球回至进攻方的哪个位置,进攻方均向守方边线进行对角杀球(图 7-67)。

6. 攻对角和攻直线相结合的战术

在进攻过程中,对防守方边线的对角进攻和直线进攻可交替使用(图 7-68)。

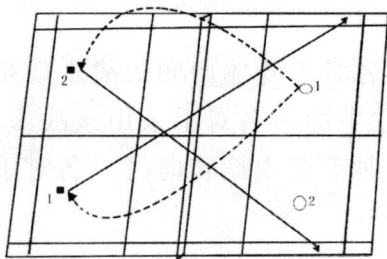
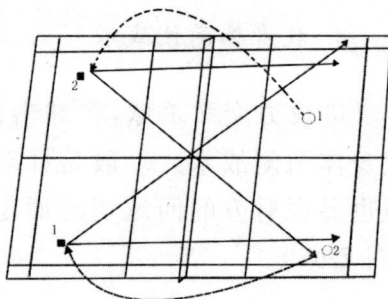

图 7-67   图 7-68

（五）前封后攻战术

进攻的两名队员中,后场攻击能力强的队员主要在后场进行进攻,网前进攻能力强的队员主要前场进攻,后场队员可连续采用杀球技术来进攻,对方如果将球回向本方前场,前场队员采用勾球、搓球、扑球、推球等技术来封网,或采用拦吊、点杀技术来对前场进行有效的控制。

（六）防守战术

防守方处于被动局面,仍要积极防守,试图改变自己的防守地位,争取主动,转守为攻。羽毛球双打比赛中,防守方需要掌握的防守战术有以下几种。

1. 高远球防守战术（图 7-69）

在羽毛球双打比赛中,这种防守战术经常会出现,防守方采用这一战术主要是为了减缓对方的进攻速度,削弱对方的进攻力量,为本方进攻创造机会。

高远球防守战术包括以下两种形式。

（1）网前挑高远球

如果防守方处于被动局面,则通常采用网前挑高远球技术进行防守,防守方必须注意,要回出弧线高的高远球,尽可能使球落在对方底线附近。

（2）后场击高远球

后场击高远球时，也要求回出弧线高的高远球，同样尽可能使球落在对方底线附近。

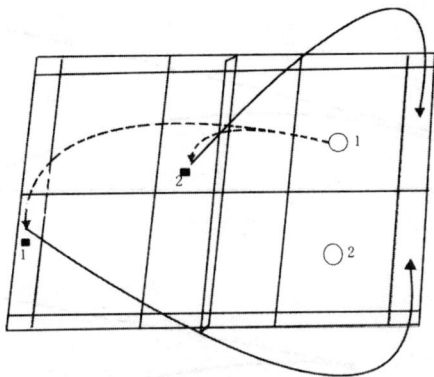

图 7-69

2. 平高球防守战术

防守方在采用平高球防守战术时，可以在网前挑平高球，也可以在中后场回击平高球，不管是哪种情况，都要求平高球的高度尽可能使对手无法触球，并尽可能向对方后场两角（图 7-70）或底线附近（图 7-71）击球。

防守方击出平高球后，球急速飞向进攻方，进攻方只有快速移动回球才能连续进攻，这时防守方可伺机反攻。

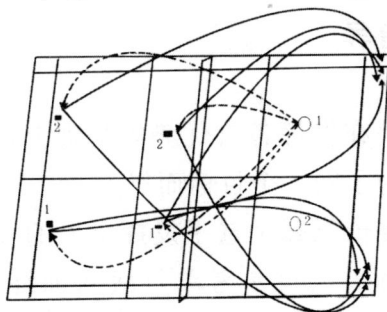

图 7-70

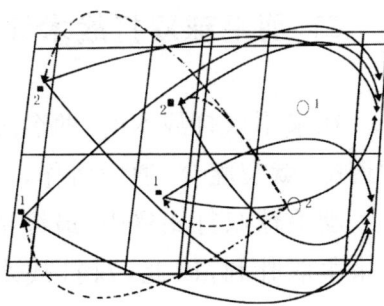

图 7-71

3. 抽、挡防守战术

当进攻方连续采用杀球技术进攻时，防守方可根据来球线路及落点采用抽球、挡球技术回击（图 7-72 至图 7-74），并寻找机会反击。不管采用何种技术回击，都要求平、快，而且球并非一定要落到对方的底线附近。

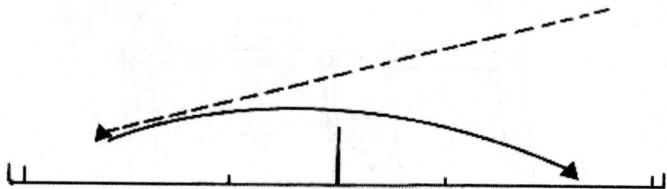

图 7-72

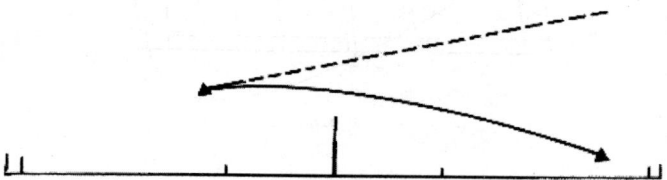

图 7-73

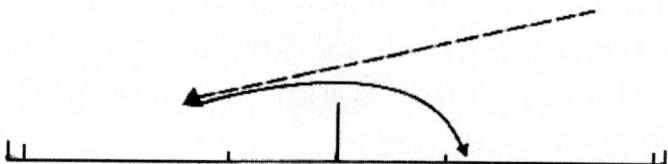

图 7-74

二、羽毛球双打战术训练指导

在采用双打战术时，两名球员要在发挥各自优势的基础上合理调配，默契配合，通力协作，共同为了同一个目标而努力。

羽毛球双打比赛中，最终也是要依靠每个选手发挥个人的实力来争取胜利，因此，双打战术训练方法可参考单打战术训练。其中，参考与借鉴最多的训练方法主要有多球对练法、多球训练法、多人陪练法、实战训练法与比赛训练法。

需要注意的是，在双打战术训练中借鉴多人陪练法时，与单打战术训练稍有不同，常采用三对二训练攻守，甚至增加至四对二进攻,二人训练反防守,这些训练方法主要是为了促进选手反防能力的提高。在三二式前后站位陪练中,一方为三人(一前二后),另一方为二人,主要是对二人这方的双打防守意识、反转攻的意识及能力进行训练,促进其双打防守能力和转攻能力的提高。

第八章　羽毛球身心素质理论与实践指导研究

羽毛球运动对参与者的基本体能和心理要求不高,入门简单,但是羽毛球技战术又具有复杂、多样的特点,要想真正掌握好羽毛球专项运动技能,必须具备良好的身体素质和心理素质。因此,羽毛球身心素质理论教学与实践训练是羽毛球课程教学的重要教学内容,也是教学的一个重点。本章主要就羽毛球的体能素质、心理素质两大方面的理论教学与习练指导进行系统分析与深入研究,为学生提高羽毛球专项体能素质和心理素质提供科学指导。

第一节　羽毛球体能素质理论与习练指导

一、羽毛球体能素质发展的理论研究

(一)羽毛球体能素质构成

人体体能素质包括五大部分,即力量素质、速度素质、耐力素质、柔韧素质、灵敏素质(图 8-1),这是人从事任何体育活动都必须具备的基本运动素质,从事羽毛球运动也不例外。羽毛球运动一般体能素质和专项体能素质都包括这五个方面内容。

在人体的五大运动素质中,各素质对人体参与包括羽毛球运动在内的体育活动时,均具有不同的、重要的作用。

力量素质——力量素质是"人体—肌肉系统工作时克服或对

抗阻力的能力,是人们完成动作的动力来源"。① 力量素质是最基本的素质,个体在参与体育活动过程中,身体的每一个动作都需要动员肌肉,而肌肉在运动过程中完成各种技术动作,都需要克服一系列来自于身体和外界的各种阻力,这种阻力克服就是力量素质的表现,阻力克服力越强,则说明个体的力量素质越好。

图 8-1

速度素质——速度素质是人体快速做出运动反应、完成动作、移动的能力,包括反应速度、动作速度和位移速度。反应速度取决于信号通过反射弧需要的时间,反应时越短,则反应速度越快;反应时越长,则反应速度越慢。动作速度是指个体单位时间内完成动作的数量。位移速度是指个体单位时间内移动的距离,或者通过固定距离所需要的时间。

耐力素质——耐力素质是指机体在一定时间内保持特定强度负荷或动作质量的能力,其可直接反映在其能否在一定时间内保持特定运动强度或动作质量。如果个体保持特定强度或动作质量的时间较长,或在一定时间内可对更高强度加以承受,则说明耐力素质较好。

柔韧素质——柔韧素质是指人体关节活动幅度大小以及跨过关节的韧带、肌腱、肌肉、皮肤及其他组织的弹性和伸展能力。运动者如果缺乏柔韧性,不仅会影响到其专项技术的掌握,在运动过程中,更容易出现运动损伤。

灵敏素质——灵敏素质是一种典型的复合型素质,具体是指

---

① 张英波.现代体能训练方法[M].北京:北京体育大学出版社,2007.

个体在各种环境条件下迅速、准确和协调完成动作的能力。它受个体运动技能、运动感觉和各种身体素质的综合影响。

(二)羽毛球体能素质发展要求

1. 以健康为前提

健康是个体从事一切体育活动的根本要求,身体是人体进行生活、学习、实践等一切活动的保障,没有一个好的身体就无法进行正常的生活与学习。

学生进行体能训练的最基础的任务就是强身健体,提高身体素质。在保证学生身心健康的基础上发展学生的羽毛球体能素质是首要基础。

在羽毛球体能素质学训实践中,应充分考虑普通学生的身心健康发展,如果向专业运动员学习,过分地追求各种运动素质的提升,不仅达不到相应的水准,还会妨碍机体的正常发育,带来不必要的损伤。

2. 体能素质发展应与身体生长发育相一致

生理学研究表明,人的体能发展受个人生长发育客观规律的制约,在羽毛球教学训练中,学生体能素质的训练和发展一定要遵循学生身体生长发育的客观规律,与之保持一致。

具体来说,在学生生长发育的不同时期,羽毛球体能素质的训练和发展要求应表现出明显的阶段性特征。

首先,对于中小学生来说,体能练习主要以活动性游戏为主,其趣味性强,活动量小,能吸引学生参加活动的兴趣。进入初中,进行一些规则较为复杂的体育游戏,在此基础上增加了一定的羽毛球运动专项体能素质练习,为学生进一步掌握羽毛球专项技能奠定良好的体能素质基础。

其次,对于大学生来说,体能习练应突出专项特点,因为在大学时期,学生的生长发育已经基本成熟,能承受较大负荷的体能训练,这一时期的羽毛球体能训练应在发展基础体能素质的基础上,注重突出专项特点。

体能素质的发展与提高不是一朝一夕就能实现的,需要长期坚持和持之以恒,随着学生身体不断发育,体质与健康不断发展而逐步提升。揠苗助长的方法是不可取的。

3. 体能素质发展应与羽毛球技能学练相结合

体能发展与技能学练之间具有十分密切的关系。一切体育活动都包含动作技术,而一些简单的身体素质练习,也同样具有技术因素。技术动作是完成一种体育动作的要领与方法,体能发展为学生的羽毛球专项技术动作的学习和掌握打下基础。

技术动作的掌握受到多方面的制约,主要是学生的身体形态、身体素质、学习能力、感知能力和心理因素等。学生的体能素质发展应与技能学练有机结合起来。

4. 统筹安排,科学制定体能训练计划

体能训练是一个科学、系统、严谨的过程,如果没有长期的计划、没有科学严谨的方法,学生的体能就不会有实质性的提高。没有目标地、无计划地发展体能,不仅可能引发身体不适,也会打破循序渐进的训练过程,不利于学生的体能发展和技能学习。

体能训练需要长期坚持,才能收到良好的训练效果,因此来说,体能训练具有时间性和局限性,即某一方面的训练成果只能保持一段时间,若不给予新的力量负荷,那么相应的素质水平就会停滞、倒退。所以,学生的体能训练,如果"三天打鱼两天晒网",就会打破系统性,达不到训练效果。因此必须要形成多年持续不断地坚持体能训练的习惯,并做好长远规划,才能持续不断提高体能素质水平。

二、羽毛球体能素质习练实践指导

（一）羽毛球力量素质习练

1. 上肢力量习练

（1）提放双肩

习练方法：向耳朵方向上提双肩，上提至颈部和双肩感到紧张，保持动作 5 秒钟，慢慢放松双肩，双肩下垂。

（2）双手上顶

习练方法：双手在头上方手指交叉，掌心向上，双臂向后上方向伸展上顶，保持 15 秒，保持深呼吸。

（3）颈后伸臂

习练方法：身体直立，双手反握轻杠铃于头后部，伸直双臂上举杠铃，保持数秒后还原，反复习练（图 8-2）。

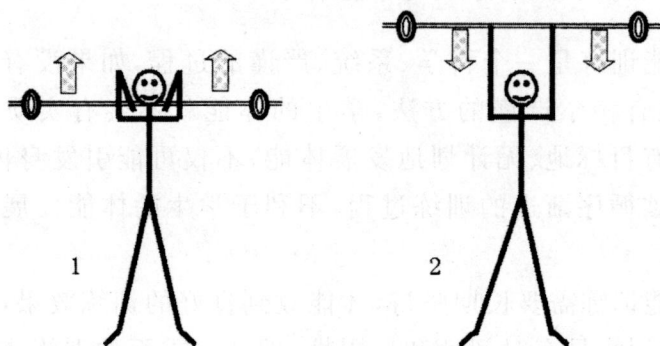

图 8-2

（4）肘部屈伸

习练方法：身体直立，双手体前反握杠铃。屈双臂上举杠铃，保持数秒后还原，反复习练（图 8-3）。

（5）屈腕

习练方法：坐姿，肘部放于膝盖，双手持杠铃，做连续的手腕屈伸动作(图 8-4)。

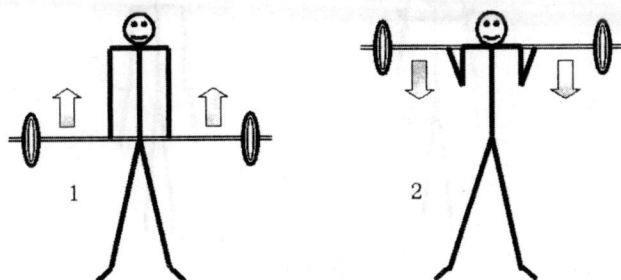

图 8-3

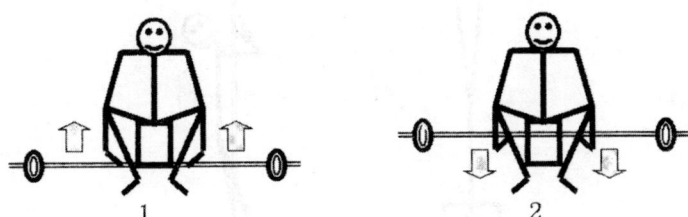

图 8-4

(6)引体向上

习练方法:双手分开同肩宽,握单杠向上拉引身体(图 8-5)。

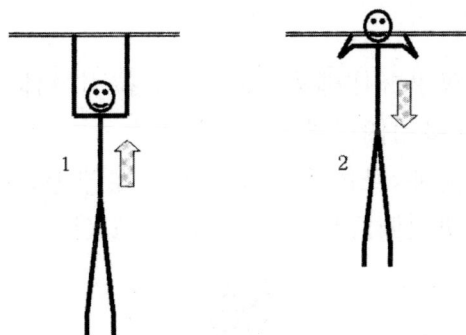

图 8-5

(7)双杠臂撑起

习练方法:双手撑双杠,直臂支撑身体,再屈肘撑身体数秒,还原,反复练习(图 8-6)。

(8)倒立走

习练方法:倒立姿势,双臂支撑身体,向各个方向移动(图 8-7)。

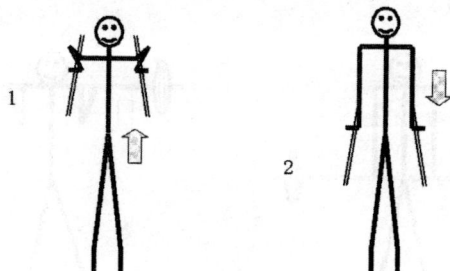

图 8-6

图 8-7

图 8-8

（9）爬绳

习练方法：双手握住绳索，用力向上拉引身体（图 8-8）。

（10）实心球移动俯卧撑

习练方法：俯卧，身体成一线一手撑在球上，一手和双脚掌撑地，身体左右移动做俯卧撑，两只手轮撑球（图 8-9）。

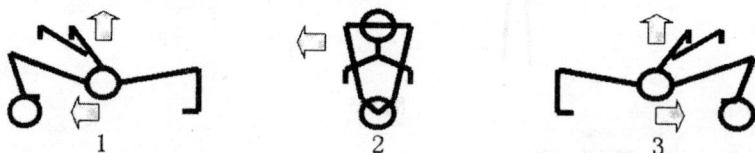
图 8-9

（11）俯卧撑起跪推实心球

习练方法：两人一组，相对 5 米跪立，上体前倾双手上推同伴送来的实心球，推出球后双手撑地，还原，准备再次接球（图 8-10）。

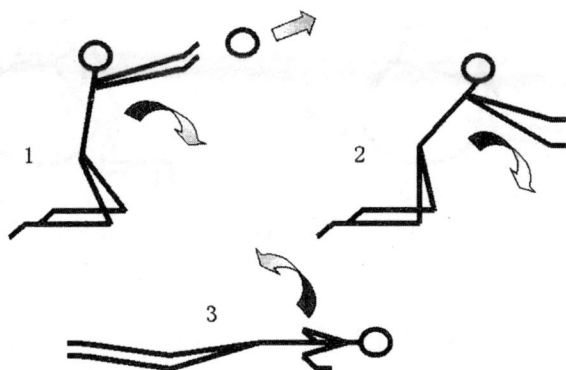

图 8-10

（12）实心球俯卧撑

习练方法：俯卧，两脚分开，躯干平直，脚尖撑地，双手撑在实心球上，屈肘做俯卧撑（图 8-11）。

图 8-11

（13）瑞士球俯卧撑

习练方法：身体斜撑在瑞士球上，成一条直斜线，双手撑在球上，直体悬空，反复做俯卧撑（图 8-12）。

图 8-12

（14）侧俯卧屈肘

习练方法：俯卧在瑞士球上，手持一个较重的哑铃，屈肘在球上前后移动（图 8-13）。

图 8-13

（15）仰卧伸臂

习练方法：仰卧在瑞士球上，双手持哑铃，直臂举哑铃于头上方，再屈肘至头后，反复练习（图 8-14）。

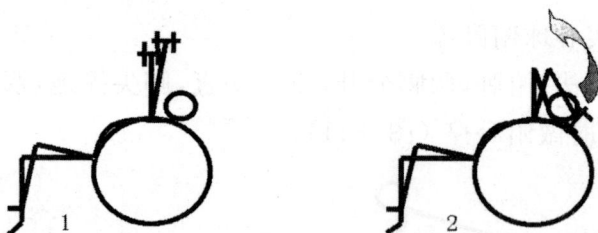

图 8-14

（16）压臂固定瑞士球

习练方法：两人一组，坐在凳上，同伴以 60%～75% 的力量向侧推移瑞士球，练习者手臂水平外展推压、阻止瑞士球移动（图 8-15）。

图 8-15

2. 躯干力量习练

（1）双手扶腰下推

习练方法：两脚开立，双手在髋上扶腰，手指向下，向前轻推手掌,伸展腰部,保持动作10秒,重复训练两次(图8-16)。

(2)双手叉腰转体

习练方法:两脚开立,双手在髋以上叉腰,上体转向一侧,同时,头向后转,目后视,保持动作10秒。换方向练习(图8-17)。

图8-16　　　　　　图8-17

(3)顶墙送髋

习练方法:前臂靠墙支撑身体,头靠在双手上,身体向墙倾斜。后脚正对墙,脚跟贴在地面,缓慢向前送髋,背部肌肉保持伸直和紧张状态,保持轻松牵拉10～15秒。双腿轮流练习(图8-18)。

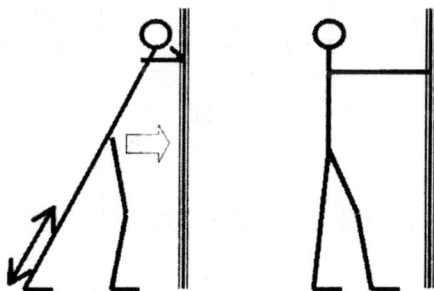

图8-18

(4)弓箭步压髋

习练方法:弓箭步站立,一腿前伸,膝关节成90°,膝关节在踝关节正上方。另一腿体后膝触地,呼气,下压后面腿和髋部,重复动作数次之后,换腿反复习练(图8-19)。

图 8-19

（5）侧卧腿绕环

习练方法：侧卧在斜板上，上侧腿做绕环动作（图 8-20）。

图 8-20

（6）背肌转体

习练方法：俯卧在山羊上，固定腿部，双手头后交叉抱头，上体后屈，再还原至水平位置左右转体，反复练习（图 8-21）。

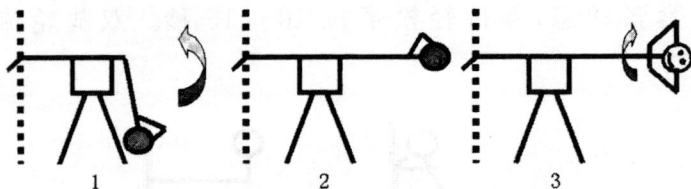

图 8-21

（7）仰卧转髋

习练方法：垫上仰卧，头后握杆固定双手，收腹屈膝。快速左右转髋（图 8-22）。

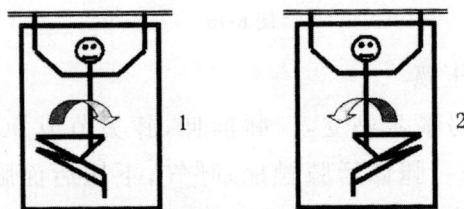

图 8-22

(8)负重转体

习练方法：两脚开立，屈膝，肩部扛杠铃，两手平伸扶杠铃，向体侧转体 90°，还原向前，再向另一侧转体 90°（图 8-23）。

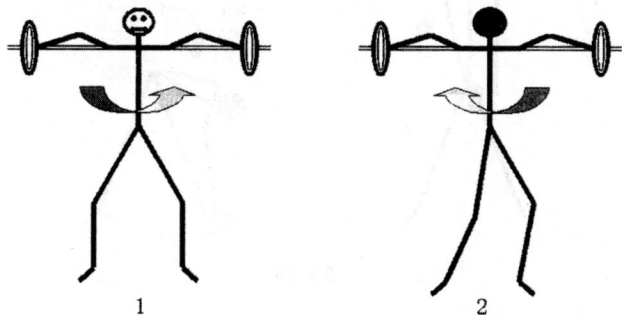

图 8-23

(9)负重体侧屈

习练方法：两脚开立，肩负杠铃，左右屈上体 90°（图 8-24）。

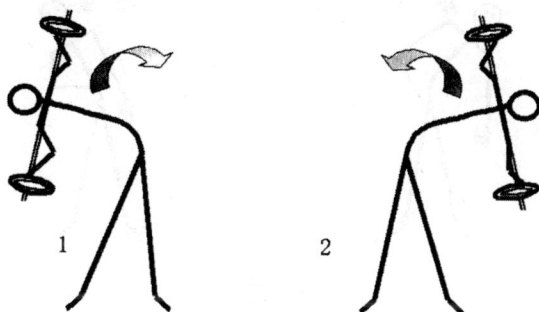

图 8-24

(10)负重体前屈

习练方法：两脚开立，肩负杠铃，前屈身体 90°（图 8-25）。

图 8-25

（11）持哑铃体前屈转体

习练方法：两脚开立，一手持哑铃，接触对侧脚尖（图 8-26）。

图 8-26

（12）持哑铃体侧屈

习练方法：两脚开立，一手持哑铃，另一手扶腰，向左右侧屈体（图 8-27）。

图 8-27

（13）仰卧起坐

习练方法：仰卧于瑞士球上。双脚开立支撑地面，做仰卧起坐练习（图 8-28）。

图 8-28

（14）俯卧伸背

习练方法：将瑞士球放在凳上，俯卧在瑞士球上，双手握凳两侧，提双腿，使身体平直悬空（图8-29）。

图 8-29

（15）仰卧转体

习练方法：将瑞士球放在凳上，仰卧在瑞士球上，固定双脚，双手持实心球，做直臂与屈臂动作，并左右转体（图8-30）。

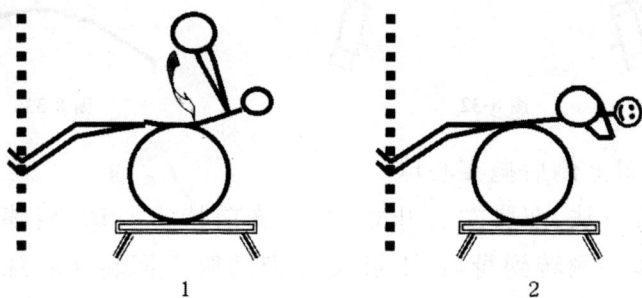

图 8-30

（16）仰卧举腿

习练方法：仰卧在瑞士球上，握横杠固定双手，直腿上举（图8-31）。

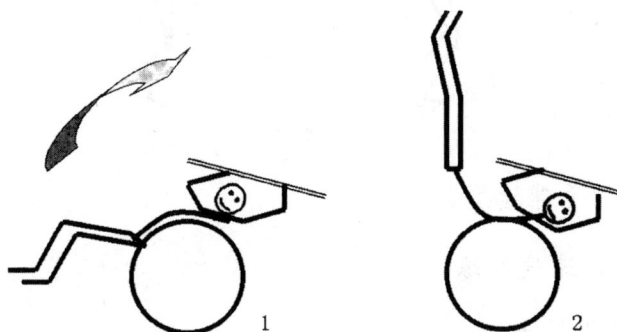

图 8-31

3. 全身力量习练

(1)踩 T 形板传接实心球

习练方法：两人一组，分别两脚开立站在 T 形板上传递实心球（图 8-32）。

(2)持实心球侧蹲

习练方法：双脚左右开立，双手胸前持实心球，侧迈步成侧弓步蹲的姿势，同时，直臂前送实心球，还原，反复练习（图 8-33）。

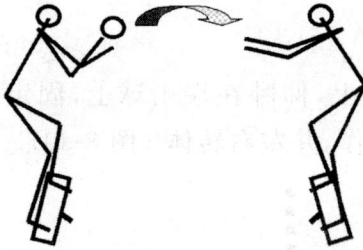 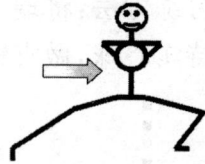

图 8-32   图 8-33

(3)肩上侧后抛实心球

习练方法：双脚左右开立，双手胸前持实心球，屈膝下蹲，将球沿身体一侧转到身后，下肢发力带动躯干回转实心球，使球从身体另一侧肩上向后抛出(图 8-34)。

图 8-34

(二)羽毛球速度素质习练

1. 反应速度习练

(1)两人拍击

习练方法：两人一组，面向开立，当接收到开始口令之后，快速拍击对方背部,同时,防止被击打到(图 8-35)。

图 8-35

(2)反应起跳

习练方法:练习者紧紧围绕圆圈朝圈内方向站立,圈内大约站 1~2 人,站立圆心的人手拿长度超过圆圈半径的树枝或竹竿绕过站圈人脚下来划圆,练习者及时起跳,避免被竿打到脚(图 8-36)。

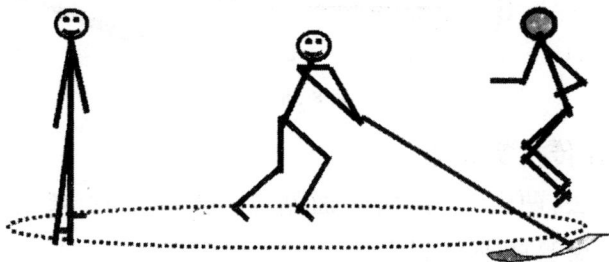

图 8-36

(3)贴人跑

习练方法:练习者两两前后站立,并面朝圈内站立围成圆圈,左右间隔距离是 2 米。两名练习者在圆圈外顺着圆圈跑动追逐,被追者站在某两人前时,后面第三者成为逃跑者,追赶者追第三者(图 8-37)。

(4)叫号追逐

习练方法:两队练习者间隔 2 米站立,在此之前将两队规定成单数队与双数队。当接收到教练员的单数口令或双数口令后,一队负责跑、一队负责追。追上为胜利者,否则视为失败。

图 8-37

2. 动作速度习练

(1)俯卧撑起击掌

习练方法:双手、双脚尖支撑地面,身体成一条直线在最短时间内支撑身体并完成击掌动作,反复练习(图 8-38)。

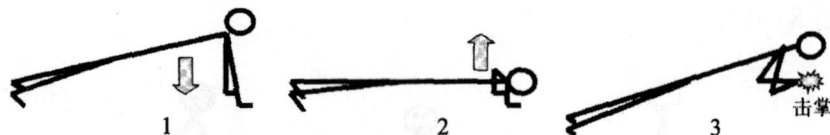

图 8-38

(2)快速传接实心球

习练方法:两人一组,面对面站立,间隔 3～4 米,膝盖微曲。练习者两人反复胸前传实心球。

(3)纵向飞鸟

习练方法:双脚开立,双手掌心向内,体侧持握杠铃片,向体侧直臂快速提起至头顶,再还原(图 8-39)。

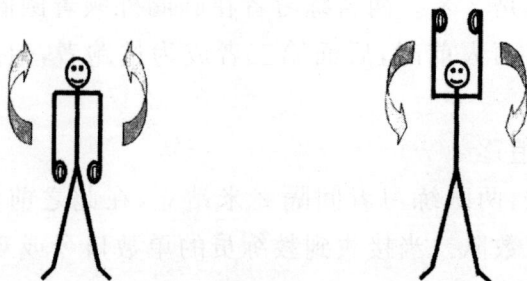

图 8-39

（4）横向飞鸟

习练方法：双脚开立，双手掌心向内，双臂体前平举杠铃片，沿体侧向后直臂水平快速移动杠铃片至最大限度，再还原（图8-40）。

图 8-40

（5）立定跳远

习练方法：两脚开立，两臂上举，身体伸展，下蹲，两腿用最短时间完成蹬伸动作，再朝前上跳起，落入沙坑或垫上。

（6）连续蛙跳

习练方法：两脚多次完成起跳动作与落地动作，身体应当朝前上方跳起，各个动作之间要连贯。

（7）跳栏架

习练方法：准备8～10个高40～60厘米的栏架，每个栏架之间大约间隔1米，横向排列，两脚起跳依次通过栏架，避免两脚和地面的接触时长，反复习练（图8-41）。

图 8-41

（8）绳梯180°转体跳

习练方法：身体半蹲，双脚开立，每只脚站在一个格子里。身体跳起空中转体180°，双脚各落在前面格子中。重复习练（图8-42）。

图 8-42

（9）跳起转体接实心球

习练方法：两脚开立，背部朝向接球方向，双脚加紧实心球，用最短时间完成起跳，并将实心球抛向空中，用最短时间完成转体动作并将实心球接住（图 8-43）。

图 8-43

3. 位移速度习练

（1）摆臂

习练方法：双脚并拢，快速前后摆臂，肘关节屈 90°。

（2）跑步姿势交换腿高跳

习练方法：原地站立，由慢跑动作开始，高跳时采用跑的身体姿势，完成起跳动作后另外一只脚落地。

（3）脚回环

习练方法：单腿支撑，手扶固定物维持平衡。一只脚以短跑动作进行回环练习（图 8-44）。

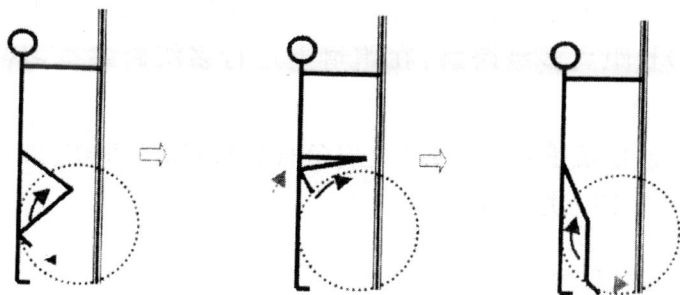

图 8-44

（4）高抬腿跑绳梯

习练方法：两脚在相同格子内落地，用最快速度跑完每个格子中间距大约是 50 厘米的绳梯或小棍（图 8-45）。

图 8-45

（5）拖轮胎跑

习练方法：腰部牵拉一个汽车轮胎，快速跑进。

（三）羽毛球耐力素质习练

1. 肌肉耐力习练

（1）1 分钟立卧撑：对墙站立，距墙一步距离，两手撑墙壁做连续多次的立卧撑练习。

（2）连续跑台阶：在 20 厘米高的楼梯上连续跑 30～50 步，每步跑 2 级，重复 6 次，每次间歇 5 分钟，保持 55％～65％的强度。

（3）半蹲连续跳：双脚连续向前跳，落地成半蹲姿势，然后迅速起身继续练习，半蹲时膝关节弯曲度为 90°～100°。

（4）连续深蹲跳：分腿站立，连续原地深蹲跳起，每组 20～30 次。

（5）长距离多级跨跳：在跑道上进行多级跨跳练习，每组跳 80～100 米。

（6）沙地负重走：在沙滩上肩负杠铃杆练习，每组 200 米。心率为 130～160 次/分钟。

2. 有氧耐力习练

（1）拉胶皮带：可结合羽毛球专项练习进行，如做拉胶皮带支撑高抬腿、拉胶皮带扩胸等动作。

（2）持续走：以 80％～85％的运动强度走 3000～6000 米。

（3）重复走：在规定时间内完成一定距离（如 400 米）的竞走练习，4～5 组，间歇 5 分钟。竞走段落应短于专项距离。

（4）间歇跑：在 30 秒完成 200 米跑，练习 6 组，以 200 米慢跑作为间歇。

（5）定时跑：进行 15 分钟左右的定时跑练习，时间更长一些也可，保持 50％～55％的练习强度。

（6）定时定距跑：先选择练习距离，然后定时跑完，如选择的距离范围为 3600～4600 米，用 18 分钟左右的时间跑完。

（7）重复爬坡跑：在斜坡道（15°）进行上坡跑练习，至少练习 5 次，距离最少为 250 米。

（8）划船练习：在水中划小船（单桨和双桨交替进行），每次 10 分钟，共 4～5 次，每次间歇 10 分钟左右。

3. 无氧耐力习练

（1）间歇行进间跑：进行 30 米、60 米、80 米、100 米等短距离的行进间跑练习。注意练习计时。每组 2～3 次，共 3～4 组。

（2）沙滩跑：在沙滩上进行快慢交替跑练习，每组 500～1000 米，根据个人情况变化速度。

（3）反复变向跑：听口令或看信号做不同方向的变向跑。每次 2 分钟，共 3～5 次，间歇 3～5 分钟，练习强度 65％～70％。

（4）迎面拉力反复跑：分为两队，每队4～5人，两队相距100米站在跑道上迎面接力跑，每人重复5～7次，练习强度70％～80％。

（5）法特莱克跑：变速跑3000～4000米，变速方法可采用阶梯式。

（四）羽毛球柔韧素质习练

结合身体不同的部位，对羽毛球运动中学生身体各部位的柔韧素质习练内容和方法具体分析如下。

1．上肢柔韧习练

（1）背后拉毛巾

习练方法：两臂屈肘，一只臂肘关节在头侧，另一只臂肘关节在腰背部；吸气，双手握一条毛巾，两手逐渐靠近。两臂交换反复习练。

（2）向内旋腕

习练方法：双臂前伸，手腕尽量内旋，双手分离，反复习练。

2．躯干柔韧习练

（1）肩颈部习练

①背向压肩：背对墙站立，双臂后抬，直臂扶墙，屈膝降低肩部高度（图8-46）。保持10秒左右（下同），反复习练。

②向内拉肩：头向后转，肩贴住墙，目视顶住墙的那只手，坚持动作数秒后还原，换另一侧反复习练（图8-47）。

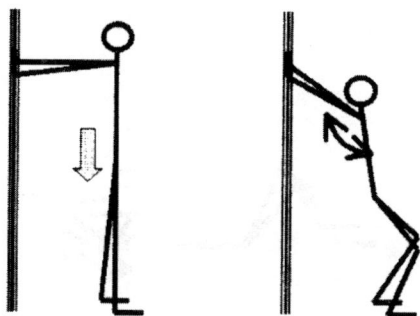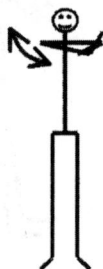

图 8-46　　　　　　　　　　　图 8-47

③向上拉肩：站立姿势，抬起一侧肘关节，另一只手在头后抓住抬起的肘关节，向抬起肘关节的手臂的对侧拉引（图8-48）。

④转头拉肩：站立姿势，一臂侧平举，与肩同高，手顶住墙，头向后转，肩部贴住墙，保持数秒，换另一侧手臂，反复习练（图8-49）。

图 8-48   图 8-49

⑤前拉头：站立，双手在头后交叉。呼气，双肩下压，向胸部方向拉下去接触胸部（图8-50）。

⑥仰卧前拉头：屈膝仰卧，双手头后交叉，肩胛部位贴在地面上，肩和上臂发力向胸部方向拉头部（图8-51）。

（2）胸背部习练

①站立伸背：双脚开立，双手扶杆，略高于头，上体前倾与地面平行；四肢伸直，屈膝，上体下压，背部下凹成背弓（图8-52）。

②坐立拉背：坐立，双膝微屈，胸贴大腿上部，双手抱腿，上体前倾，双臂固定在大腿上向前下拉，双脚贴地（图8-53）。

图 8-50   图 8-51

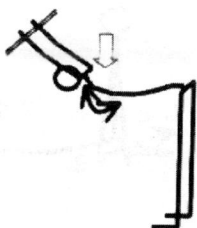

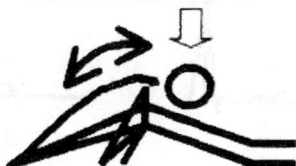

图 8-52　　　　　　　　　　　　　　　图 8-53

③跪拉胸：跪在地面，身体前倾，双臂前臂交叉高于头部放在40～60厘米高的台子上；呼气，尽量下沉头部和胸部，反复习练。

④屈臂开门拉胸：在门框内，双脚前后开立，双肘外展到肩的高度；双臂前臂向上，掌心扶门框，身体前倾拉伸胸部，反复习练。

（3）腰腹部习练

①跪立背弓：垫上跪立，脚尖向后。双手扶臀上部，上体后仰，臀部肌肉收缩，双手滑向脚跟（图8-54）。反复习练。

②俯卧背弓：垫上俯卧，双腿上翘；吸气，双手抓住双踝。臀部肌肉收缩，提起胸部和双膝离开垫子（图8-55），反复习练。

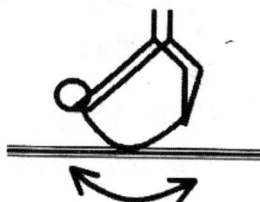

图 8-54　　　　　　　　　　　　　　　图 8-55

（4）臀髋部习练

①坐立反向转体：坐在地上，双腿伸直，双手身后支撑；两腿交叉，右脚放在左腿外侧，屈右膝向臀部收脚跟，转体，左肘顶在屈膝右腿的外侧，并推动右腿屈膝，换腿反复习练。

②垫上前后分腿：坐在垫上，双腿体前伸展，双手在髋两侧支撑；右大腿外展，屈膝，右脚接触左腿膝部，双臂撑起身体；左腿移向身后伸展，大腿、膝盖、小腿和脚背接触垫子，下压左腿（图8-56），换腿反复习练。

左腿　右腿　　　右腿　　　　左腿

图 8-56

3. 下肢柔韧习练

（1）仰卧提腿

习练方法：仰卧，直膝抬腿，与地面呈 90°，腰部紧贴地面，保持动作 15～20 秒，双腿交替练习（图 8-57）。

（2）仰卧提膝

习练方法：仰卧，屈膝抬腿，双手拉膝贴近胸部，保持动作 10～30 秒，双腿交替练习（图 8-58）。

图 8-57

图 8-58

（3）顶墙坐拉引

习练方法：臀部顶墙坐在地面，双腿体前屈膝展开，两脚掌相对；双手握住双脚脚掌，尽量向腹股沟方向拉，上体缓慢直背前倾。

（4）直膝分腿坐压腿

习练方法：双腿尽量左右分开，坐在地面上，双手体前扶地，转体，上体前倾贴在一条腿上，换腿反复习练（图 8-59）。

图 8-59

（5）扶墙上拉脚

习练方法：一只手扶墙站立，一条腿屈膝，使脚跟靠近臀部；呼气，另一只手抓住屈膝腿的脚背，吸气，缓慢向臀部方向提拉。

（6）垫上仰卧拉引

习练方法：臀部坐在跪着的脚上，后倒身体直到背部平躺在垫上，脚跟在大腿内侧，脚尖向后；双手屈肘，垫在头下，反复习练。

（7）扶墙上拉脚

习练方法：站立姿势，左腿支撑，右手扶墙，屈右腿，左手提拉右脚贴近臀部，保持动作 10～30 秒，双腿交替练习（图 8-60）。

（8）坐立牵拉下肢

习练方法：坐在地面，双腿体前屈，膝展开，脚跟对脚掌，双手握住双脚脚尖尽量向腹股沟方向拉，上体直背前倾，两个肘关节运动到两个膝关节外侧，使腹股沟和腰部肌肉有紧张感（图 8-61）。

（9）跪拉脚趾

习练方法：跪下，脚趾向后，坐在脚跟上，用一只手抓住脚趾前部向上拉引；双脚交替，反复习练。

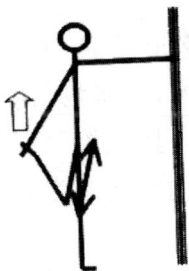

图 8-60

图 8-61

（五）羽毛球灵敏素质习练

（1）前、后滑跳移动：两脚开立，两臂垂于体侧。目视教师手势移动身体，前滑跳时，后脚后蹬，前脚前跨，身体随之前移；前脚落地后迅速蹬地，后脚后跳，身体随之后移。

（2）腾空飞脚：右脚上步，左脚向前摆踢，右脚蹬地跃起身体腾空,右脚向前上方弹踢,脚面绷直,脚尖向下。

(3)旋风腿:开步站立,稍屈膝,两臂斜下伸出,左脚由左侧迅速提起向上高摆,上体左转,两臂上摆,右脚蹬地腾空。上体从左后方旋转一周。右腿上摆后由外侧随旋转大腿内收向里摆动。左手于体前上方拍击右脚底,然后落地。

(4)后扫腿:左脚前步,右腿伸直呈弓步。左腿屈膝全蹲呈右仆步。上体右转前俯,两手在右腿内侧撑地,上体向右后拧转,以左脚前脚掌为轴,右脚贴地面向后扫转一周。

(5)正踢腿转体:支撑腿站立不动,另一腿从下向前上方踢起至最高点时,以支撑腿为轴向后转体180°,两腿交替,反复习练。

(6)弓箭步转体:由(左)弓箭步姿势开始,听到"开始"信号后,两脚蹬地跳起,身体向左(右)转180°成(右)箭弓步。

(7)30秒立卧撑跳转体:先完成一次立卧撑动作,然后即刻接原地跳转180°,尽量完成多的次数。

(8)原地团身跳:站立,听到"开始"信号后,原地双脚向上跃起,腾空后两腿迅速团身收紧,下落还原站立姿势,连续团身跳。

(9)快速移动跑:站立,听到信号或看到手势后,按照指挥方向进行前、后、左、右快速变换跑动。

(10)越障碍跑:面对设立多种障碍失误跑道站立,听到"开始"信号后,通过跑、跳、绕等动作,越过障碍物体,快速跑完全程。

(11)退跑变疾跑:由蹲距式起跑开始。听到"开始"信号后,迅速转体180°快速后退跑5米,再转体180°向前疾跑5米。

第二节　羽毛球心理素质理论与习练指导

一、羽毛球心理素质发展的理论研究

(一)羽毛球心理素质构成

1. 注意力

在竞技比赛中,稳定的注意力对于运动者(运动员)良好技战

术的发挥具有重要作用,羽毛球运动也不例外。

现代羽毛球运动竞争激烈,场上的每一分的较量对于运动员的各方面素质都有较高的要求,运动员必须全身心地投入到比赛当中去,否则就很容易造成动作、技术失误。

具备较高的注意力,是羽毛球运动员在比赛中积极投入比赛的良好表现,也是羽毛球运动员良好比赛素质和比赛能力的表现,不放过每一次接球、发球,才能稳扎稳打,赢取最后胜利。

2. 思维

敏捷的思维,有助于运动者(运动员)始终结合实际训练和比赛情况,正确支配大脑,适时实施相应的技战术。

羽毛球运动比赛,不仅仅是体能和技能的较量,也是运动者(运动员)之间脑力的较量,羽毛球运动实践中,赛况快速变化,当面临问题时,运动员应根据实际情况快速做出决策和相应的应答反应,能够通过多方面的经验和知识解决这些问题。良好的思维能力在这一过程中发挥着十分重要的作用。

3. 情绪

情绪是影响人的心理活动的一个非常重要的心理因素,它对人的心理和最终的行动具有重要的影响。一般来说,个体比较强烈的情绪都伴有体内一系列生理变化,并影响着其行为能力,只有在适宜的情绪状态下,个体的行为能力才能表现正常,或超常发挥。

在羽毛球运动过程中,良好的情绪有助于运动者(运动员)保持积极良好的状态,正常发挥出其能力水平;反之,消极的情绪状态可导致运动者(运动员)运动能力发挥失常,甚至在羽毛球运动中出现非常低级的错误和失误。

在羽毛球运动比赛中,运动员良好的情绪状态多表现为"情绪活跃",比赛实践表明,保持充沛而稳定的情绪,有助于运动员运动能力的高水平发挥。

4. 自信心

自信心是个体完成既定目标、任务的重要心理素质之一。

在羽毛球运动中,运动员良好的自信心表现在能积极应对比赛、能正确评价自身,对自己之前的训练和比赛经验给予充分的肯定,相信自己能在比赛中表现出平时的训练成绩甚至比平时训练更好的比赛成绩。只有羽毛球运动者(运动员)首先在心理上肯定自己,然后才能在比赛中良好发挥。

5. 意志品质

羽毛球运动中,对抗激烈,比赛时间长,一分之间的较量有时需要很多回合才能结束,运动员的体能消耗较大,也非常容易产生心理疲劳,尤其是高手之间的对抗,更多的是心理的对抗,随着运动比赛的持续进行,在高强度的对抗下,运动员之间更多的是意志品质的较量,谁能坚持到最后,谁就能获得胜利。

因此,具有良好的意志品质是在较为困难的羽毛球运动比赛中获胜的重要保证。在羽毛球比赛的关键比分环节、比赛的最后阶段,都是对运动员心理素质的极大考验,运动员必须保持良好的心理、积极应战、沉着稳定,以始终保证正常发挥。

(二)羽毛球心理素质发展要求

1. 训练要有计划性

在羽毛球运动的心理素质训练中,训练应有计划性。科学的训练计划能保证整个心理训练过程的顺利实施,使得羽毛球运动者的心理能力有计划、有意识地得到良好发展。

2. 训练要有针对性

羽毛球运动者(运动员)之间存在着客观的个体差异,体能训练和心理训练都应该做到因人而异。

具体来说,在羽毛球心理训练的过程中,要将运动者(运动员)的性别、年龄、运动基础、训练水平、文化水平、个性特点、生活经历等各个方面的因素进行充分考虑,以做到有针对性的训练,做到有的放矢。

3.训练要有重点

正如前面所提到的,由于运动者(运动员)在生活经历、年龄和训练水平等方面,存在较大不同之处,在对相关的训练目标和训练任务进行制定的过程中,要注意对心理训练的具体内容和相关手段做出良好的选择,在相关专业人士的指导下,重点加强运动者(运动员)薄弱环节的训练,以促使运动者(运动员)心理素质训练效果的不断提高和心理能力的持续加强。

4.心理训练应贯穿整个训练过程

良好的心理素质发展需要长期坚持训练,对于羽毛球运动者(运动员)来说,要想始终保证能够具备较好的心理素质,就需要使其在日常生活、运动训练和运动比赛中,在日常一些很小的事情中重视良好心理素质的培养、锻炼、发展。一方面,要长期坚持、统筹规划,通过相关制度来给予相应的规范;另一方面,要加强运动者(运动员)心理素质培养和训练的积极性、自觉性,随时随地、长期坚持训练。

二、羽毛球心理素质习练实践指导

(一)注意力集中练习

羽毛球运动需要参与者在运动中注意力高度集中,否则很容易造成动作失误或不必要的运动损伤。

一般的,羽毛球运动者(运动员)的注意集中能力提高可通过以下几种习练方法进行。

（1）视物法：羽毛球运动者（运动员）仔细观察一个目标物，数秒后，闭目回忆目标物，然后再观察。反复记忆，直到目标物清晰为止。

（2）看表法：注视手表秒针的移动。每天两次，每次3～4遍，间隔10～15秒。

（3）发令法：集中注意力观察或聆听较弱的特定信号，然后采取既定、相应行动。

需要特别注意的是，在羽毛球运动中，运动者（运动员）的年龄、个性、训练水平等不同，注意力存在较大差异，应在具体的训练中有针对地进行。

此外，根据羽毛球运动者（运动员）的不同技战术水平，注意力训练要与体能状况相结合，突出阶段性特征。

（二）意志品质训练

良好的羽毛球意志品质主要表现在，面对困难，羽毛球运动者（运动员）能积极应对、正确调节心理、科学处理。

羽毛球运动者（运动员）的意志品质训练，通常采用以下方法。

（1）自制力训练：引导羽毛球运动者（运动员）用自我暗示、教育、榜样作用以及树立正确的态度和动机等方法来克服训练和比赛中的客观困难（气候、场地、日照等）与主观困难（消极态度），以培养羽毛球运动者（运动员）冷静的自制能力。

（2）克服困难训练：一方面，在羽毛球运动训练或比赛过程中，有意识、有计划、有针对性地设置相应的困难，以培养羽毛球运动者（运动员）克服困难的能力。另一方面，在日常的学习、生活中，有意识地培养羽毛球运动者（运动员）对待困难的积极态度，提高其克服困难的能力。

（3）情绪调节训练：采用自我鼓励、自我说服、自我命令、自我暗示、放松训练等训练方法培养羽毛球运动者（运动员）自身调节和控制情绪的能力，使其在羽毛球运动训练和比赛中形成较好的情绪兴奋状态。

（三）比赛心理调节

1. 赛前心理准备

（1）端正比赛态度

羽毛球比赛前，可采取集体讲座、小组讨论、个别谈话等形式，引导运动员看淡比赛，排除杂念，轻装上阵。

（2）树立正确的比赛心理定向

所谓比赛心理定向，具体是指羽毛球运动员注重比赛过程还是注重比赛结果的思维指向或定式。毫无疑问，羽毛球运动员的正确的比赛心理定向应当是关注自我，关注比赛过程，关注羽毛球比赛过程中那些自己能控制的因素。

羽毛球运动比赛中有许多不可控因素，如观众、场地、裁判员、天气等，对此羽毛球运动员不要花费精力去关注，以免诱发不良情绪影响技战术水平的正常发挥。而应将注意力集中到自己能控制的比赛因素中，如技术、战术发挥等。因地制宜地发挥良好思维和智力因素，重视趋利避害，利用自身优势。

（3）制定合理的比赛目标

比赛目标是指羽毛球运动员的预期比赛结果，如比赛名次、比赛成绩、技战术完成情况等，无论是哪一个方面的比赛目标，都应该遵守现实、具体、可控、可测等原则，比赛目标制定的过低、过高都是不合理的。只有适宜的（通过运动员努力可达成的）比赛目标，才能激励羽毛球运动员积极进取、有针对性、有指向性地完成比赛。

（4）增强比赛的自信心

自信是羽毛球运动员参赛的首要心理准备。良好的自信心来自于运动员对比赛成功经验的积累和运动员能自知自评、自省自悟，能正确的认识自我、了解自我，熟悉自己的弱点和优势并能克服弱点、发扬优势。

羽毛球比赛中，运动员良好的自信是与消极情绪对应的，具有自信心的运动员能自觉地调控杂念和消极情绪，以一种平和、专注、积极的态度去面对比赛。

2．赛中心理调节

羽毛球比赛中，不允许教练员指导，因此，运动员必须在比赛中自己应对各种赛况，运动员临场心理或行为表现会直接影响其技战术水平的发挥、影响比赛结果，学会及时调整自己的心态，对于羽毛球运动员来说非常重要。

具体来说，在羽毛球比赛过程中，运动员可以通过呼吸调节法、暗示调节法、活动调节法、发声调节法、表情调节法、回避信息调节法、思维阻断调节法等调整心态。不管采取哪种方法，都应该始终遵循以下心理调节原则。

（1）稳定情绪

影响羽毛球运动员情绪和心理波动的原因有很多，既有内在原因（如紧张、害怕、求胜心切等），也有外在原因（如比分变化、观众呐喊、对方动作或言语挑衅、裁判员误判等）。

羽毛球赛场上的形势是瞬息多变的，任何一种形势的出现都是有可能的，无论出现任何情况，都要保持镇定，一定不要慌了阵脚、模糊了认识，要始终保持情绪的稳定，尽量屏蔽来自内心和外界的不良因素干扰。

（2）坚定意志品质

羽毛球比赛中，关键比分、关键环节、最后对抗阶段的较量对运动员的意志品质是一个重要的考验，在这些特殊的比赛情景中，运动员必须始终保持坚定的意志品质。

羽毛球比赛中，运动员要始终坚定信念，以顽强的意志品质应对比赛，在任何时候都不能有丝毫的放松和懈怠。特别是在比分落后、局势不利、发挥不佳时，更要坚定意志、稳住阵脚、善于观察、积极应对、伺机反攻。

3．赛后心理调整

羽毛球运动员赛后心理调整的目的是为了总结经验和教训，

为下一阶段的训练和比赛做好充分的准备。

（1）正确看待比赛胜负

任何比赛，有胜必然有败，正确看待比赛胜负，就是要做到"胜不骄败不馁"，胜利时得意忘形和失败时灰心丧气，对后继的训练、比赛都会带来不良影响。

赛后，教练员可以通过谈话或咨询等方法帮助运动员正确看待胜负，对于胜利者，要肯定成绩、指出不足；对于失败者，要肯定赛中的良好表现，分析失败原因，明确努力方向、重建信心。

（2）学会放松

羽毛球比赛过程中会消耗运动员大量的生理和心理能量，因此，在赛后要重视运动员身体和心理的放松，以转移运动员在羽毛球比赛过程中的紧张情绪、放松精神，以更好的状态投入到接下来的羽毛球训练或比赛中。

通常，羽毛球运动员的赛后放松可以通过语言诱导、自生法、听音乐，以及参加文娱活动、旅游观光等方法进行。

第九章　羽毛球游戏实践指导研究

兴趣是激发和保持学生行为的内部动力,也是影响学生学习自觉性的重要因素。羽毛球课程教学如果拘泥于教材范围,就难以吸引学生的注意力,也无法有效培养学生对羽毛球课的兴趣,反而会严重影响羽毛球课程教学的效果。体育游戏是体育教育的重要组成部分,是体育教学的重要内容与手段,其符合学生的身心特点,集趣味性、娱乐性、健身性、竞争性等特征于一身,因而受到了学生的欢迎。在羽毛球课程教学中采用游戏教学的方法有利于调动学生的学习兴趣,促进课堂气氛的活跃,从而提高羽毛球教学效果。

第一节　体育游戏概述

一、体育游戏的概念及类型

（一）体育游戏的概念

体育游戏指在体育运动的基础上,以全民健身和学校素质教育的需要为依据,综合人体的跑、跳、投基本动作而开展的游戏活动。体育游戏集知识性、趣味性、竞技性、娱乐性、教育性于一身,深受学生的喜爱,因此在体育教学中得到了广泛的运用。

（二）体育游戏的类型

体育游戏的内容体系非常丰富,而且有多种分类方法,具体见表 9-1。

表 9-1 体育游戏的类型

分类依据	具体内容
依据人体基本活动能力分类	(1)行走类游戏 (2)奔跑类游戏 (3)跳跃类游戏 (4)投掷类游戏 (5)攀登类游戏 (6)悬垂类游戏等
依据发展身体素质的任务分类	(1)速度类游戏 (2)力量类游戏 (3)灵敏类游戏 (4)耐力类游戏 (5)柔韧类游戏等
依据运动项目进行分类	(1)田径类游戏 (2)体操类游戏 (3)武术类游戏 (4)球类游戏 (5)其他体育项目游戏等
依据体育教学课的结构进行分类	(1)集中注意力类游戏(准备部分) (2)提高兴奋性类游戏(基本部分) (3)整理与放松类游戏(结束部分)
依据活动的形式分类	(1)角力类游戏 (2)追拍类游戏 (3)接力类游戏 (4)变异类游戏 (5)综合类游戏等
依据游戏者的年龄分类	(1)幼儿体育游戏 (2)学龄儿童体育游戏 (3)青少年体育游戏 (4)中年体育游戏 (5)老年体育游戏等

二、体育游戏的功能

(一)强身健体

体育游戏是以身体练习为基本手段的一类锻炼活动。长期参加体育游戏,有利于对人的身体状况进行改善,促进身体素质和基本活动能力以及适应能力的提高。

(二)愉悦身心

体育游戏的内容丰富多彩,选择健康文明的游戏进行锻炼,不仅能够缓解学生的学习压力,还可以陶冶学生的情操,使学生的身心获得愉悦感。此外,体育游戏对于高尚品德的培养也有积极影响。

体育游戏大都比较简单,开展起来较为方便,其蕴含着无穷的趣味,游戏者参与其中会感觉轻松、欢快,这也是学生喜欢体育游戏的主要原因。在参加体育游戏的过程中,游戏者之间要斗智、斗勇,要与同伴默契配合,要不断战胜困难、战胜自我,这样就能够得到心理满足,从而变得更加自信。

(三)促进个体社会化

各类体育游戏活动的开展都需要遵循一定的规则,因为有了规则,才能使游戏井然有序,才能对游戏者的行为及他们之间的关系进行调节和约束,从而使游戏能够公正、安全、顺利地开展。从这方面来看,体育游戏有利于对学生自觉遵守社会生活准则的品质及精神进行培养。此外,在游戏过程中,人与人之间、个人与集体、集体与集体之间都要不断进行交流与互动,这有利于对学生的交往能力进行培养,使学生能够有效发展良好的人际关系能力,从而具备一定的社会适应能力。

三、体育游戏的运用

（一）准备活动中的运用

在体育课中，体育教师一般都会将慢跑、行进操、定位操等作为准备活动的主要内容，这些活动虽然能够起到一定的作用，但长时间反复使用，难免会使学生感到枯燥、乏味，而且也会使课堂气氛变得沉闷。为了改变这一现状，教师可将交叉跑、蛇形跑、螺旋跑、"听数抱团"、"沿线追击"等奔跑类的游戏融入体育课的准备活动中，这些游戏不但能够达到热身的目的，还能使学生的学习兴趣提高，使学生的注意力进一步集中到课堂中来。此外，这些游戏形式多样、新颖，又便于组织教学，具有多方面的教育意义。

在不同体育项目的教学中，需要在准备部分做一些专门性的准备活动，这时也可以开展一些相应的热身游戏。例如，在短跑教学中，可选择"长江黄河""呼号扶棒"等重点发展学生动作速度及反应速度的热身游戏；在篮球课教学中，可选择有利于学生熟悉球性的热身游戏，如"上下传球接力""三角传球"等。学生在参与这些热身游戏的过程中，兴奋性会不断提高，从而会以饱满的精神和情绪投入到接下来的教学中，这对于良好教学效果的获得及教学效率的提高具有重要的意义。

（二）技术技能教学中的运用

将游戏法运用到体育技术技能教学过程中，能够改变传统上单一枯燥的练习模式，使学生更有兴趣学习和练习，这对于动作技能的强化和动力定型的形成具有积极的影响。体育游戏灵活有趣，使学生全身心投入到课堂教学中，对动作技能进行高效的掌握。

在体育技术技能课中采用体育游戏法进行教学，要对学生动作技能形成的不同阶段的任务与要求给予关注与重视。一般来说,游戏教学法在动作技能形成的泛化阶段不适合采用。

(三)身体素质练习中的运用

动作难度小、负荷大、练习过程单调是身体素质练习课的一般特征。为了提高课堂趣味,促进学生练习积极性的提高,可在身体素质练习中采用游戏法。例如,在腿部力量练习中,可以组织"步步高""赛龙舟"等游戏,在上肢力量练习中,可以组织"跳背接力""双杆追逐"等游戏,组织"跳长绳""抛球换位"等游戏来发展灵敏与耐力素质,具体选用哪种游戏方式,需以训练目的和要求为依据。

在身体素质练习中采用游戏法,能够提高学生的兴奋性和积极性,教师要注意合理控制运动量,防止因安全的运动负荷过大而导致学生出现损伤。

(四)整理活动中的运用

在整理活动中组织一些体育游戏,有助于缓解疲劳,促进机体恢复,使人体从紧张状态快速过渡到相对安静状态。整理活动中的游戏要求负荷小一些,内容和形式要轻松、活泼、精彩、幽默,这对于身心的放松和疲劳的消除是有意义的。

第二节 羽毛球游戏准备工作

如果要在羽毛球课中采用游戏教学法,就必须在课前做一些基本的准备工作,这是上好羽毛球课的基本条件。只有将准备工作做好,才有可能充分发挥出游戏的作用,从而顺利完成课堂教学任务,实现课堂教学目的,提高课堂教学质量。一般来说,羽毛球课前的游戏准备主要从以下几方面着手进行。

一、教材的准备

羽毛球课堂教学组织与实施的第一步是选择教材,在课堂中采用游戏教学法时,要以游戏目的为依据来选择教材。此外,学生的基本情况(人数、性别、年龄、兴趣爱好、身体特征、基础水平等)和教学的客观条件(教学设施、教学环境、季节、气候等)也是选择教材时需要考虑的问题。在选择教材时,通常要注意如下几个要点。

(1)教材要具有育人性。

(2)教材要具有针对性。

(3)教材要能够提高学生的智力。

(4)教材要具有一定的灵活性。

二、场地的准备

在羽毛球教学中组织体育游戏时,一定要事先做好场地准备。具体来说,要以游戏内容、参与游戏的人数、学校条件等因素为依据来确定场地规模,根据游戏的目的和要求画一些标志点与限制线,且这些标志必须是显眼的,容易识别的。如果是在专门的场地上组织游戏,则尽可能使用原有的标志线,尽量不要额外画线,以免影响专项教学的进行。

在室外组织羽毛球游戏时,要选择平坦的空地,清除所选场地中的杂物,充分利用自然环境。

三、教具的准备

在羽毛球课中组织体育游戏前,要事先准备好游戏中需要用到的器材,如球拍、羽毛球、沙包、接力棒、小旗、木棍、蒙眼布等。为了提高教具的辨识度,使学生能够看清楚,尽可能选择颜色鲜亮的教具。教具的重量与大小要符合学生的实际情况,并保证学生能够安全使用。教学用具使用完毕后,教师要完整收回。

在使用教具之前,教师需检查教具是否干净完好,是否能够正常使用。如果没有合适的教具,教师可以组织学生共同制作,以提高学生的动手能力和参与游戏的兴趣。

四、助手的培养

在羽毛球游戏的组织与实施过程中,教师一般需要先示范游戏方法,而这往往需要学生的配合。有些羽毛球游戏比较复杂,对场地、器材的要求较高,因此需要很多助手的参与,同时要安排裁判员。鉴于这些情况,教师或教练员需要在羽毛球教学之前找好自己的助手,并根据实际需要来培养助手,使之能够充分发挥自己的作用,帮助羽毛球游戏的顺利实施和教学任务的顺利完成,从而提高羽毛球游戏教学的效率。一般来说,羽毛球教师会在体育干部或羽毛球能力较强的学生中选择助手来帮助自己共同完成教学任务。

五、游戏的组织

游戏的组织一般要经历以下几个步骤。

(一)分组

在羽毛球游戏的组织中,首要环节就是分组。分组是否合理直接影响羽毛球游戏的组织与实施质量。在分组的过程中,尽可能做到实力均衡,即力求各组的人数相等、身高与体重相近、技术水平相近,这样才能体现游戏的公平性,提高游戏的竞争性。

羽毛球游戏组织中常见的分组方法有自由分组、固定分组、就近分组、水平分组、报数分组等。

（二）选择带头人

开始游戏时带头第一个做游戏的人就是游戏的带头人，其又被称为"引导人"或"领头人"。选择游戏带头人的方法主要有自荐法、指定法、抽签法、推选法、轮值法、条件法等。

（三）选择教法

在羽毛球游戏的组织过程中，选择游戏教学方法也是非常重要的一个环节。在羽毛球游戏的教学过程中，游戏完成的方式与途径就是羽毛球游戏教学方法。教学方法这一因素会直接影响羽毛球游戏的教学效果。以体育游戏的形式和特点为依据，在羽毛球教学中通常可选的游戏教学方法有讲解法、示范法。

（四）课后小结

在羽毛球游戏教学中，课后小结是最后一个环节，该环节具有重要的教育意义。在课后小结环节中，羽毛球教师要公正地公布游戏结果，奖励胜利组，鼓励失败组，并适当予以惩罚。对于游戏参与者的优缺点，教师要客观明确地指出来，使学生能够正确认识自己的优势与不足，从而主动改正缺点。

在课后小结之后，教师要安排学生整理游戏器材，清点无误后将其放回原位，以便下次使用。

第三节　准备活动类游戏

一、掌掌互换

（一）练习方法

（1）一手握拳，置于胸部，另一只手掌伸向斜上方。

（2）教练员发出"变换"口令，游戏者回答"是"，同时向斜上方伸展的手置于胸前变拳,置于胸部的手伸向斜上方并变掌。如此重复练习(图9-1)。

图 9-1

(二)注意事项

在游戏开始前,教练员要向游戏者准确示范动作,游戏者在游戏过程中要严格按照示范要求做动作。

二、搓一搓,捶一捶

(一)练习方法

(1)右手握拳捶击右大腿上部,左手变掌搓擦左大腿上部。

(2)1分钟后,右手变掌搓擦右大腿上部,而左手握拳捶击左大腿上部,如此反复进行练习(图9-2)。

(二)注意事项

一般在羽毛球准备活动中安排该游戏,以促进学生协调能力的提高。

图 9-2

三、石头、剪刀、布

(一)练习方法

(1)教练员发出"石头、剪子、布"的口令后立即"出招",游戏者做出与教练员一样的手势,并发出"嘭"的声音。

(2)接下来,游戏者要迅速做出可以取胜教练员的手势。例如,在教练员做出"剪子"的手势后,游戏者立即出"石头",如果教练员出"石头",游戏者立即出"布"。

(3)接着练习让教练员取胜的手势(图 9-3)。

图 9-3

（二）注意事项

（1）刚开始时，教练员带领全体游戏者进行练习。练习几分钟后，游戏者两两一组进行练习。

（2）游戏者要配合"嘭、嘭"的节奏进行游戏。

四、节奏跑

羽毛球比赛很有节奏感，因此可通过节奏跑游戏来锻炼学生的节奏感。

（一）练习方法

（1）有节奏地按照"右、右、左"的顺序跑步（图9-4）。

（2）有节奏地按照"左、左、右"的顺序跑步。

图9-4

（二）注意事项

在学生扎实掌握基本练习后，变换练习内容，增加练习难度。

五、脚尖点地与踏步

（一）练习方法

（1）游戏者双脚以与肩同宽的距离左右开立。

（2）先脚尖点地，然后过渡到全脚掌踏步落地。以"先点后踏"的节奏练习（图9-5）。

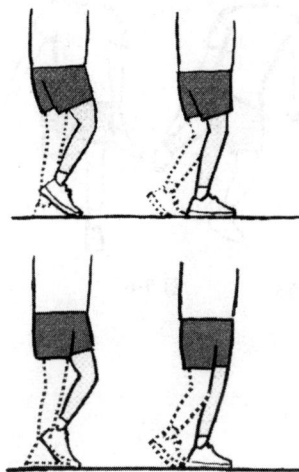

图 9-5

左右脚交替进行。

（二）注意事项

教练员要在游戏开始前准确、清楚地进行示范。

六、交叉触摸

（一）练习方法

（1）从身前抬起左脚，左手摸左脚，按相同方法抬起右脚，右手摸右脚。

（2）左脚后抬，右手摸左脚，按相同方法抬起右脚，左手摸右脚（图9-6）

（二）注意事项

可选择多样化的方式进行练习。先让学生对单独动作进行掌握，然后进行综合练习。

图 9-6

七、节奏跳跃

(一)练习方法

(1)两人一组,面向而立,其中一名游戏者坐在地上,双腿伸直。另一名游戏者在同伴腿的两侧连续进行双脚跳动练习。

(2)坐在地上的游戏者重复做分腿、并腿的动作。另一人做相反的动作。即坐下的游戏者双腿分开时,跳动的游戏者并拢双腿(图 9-7)。

图 9-7

（二）注意事项

游戏者不要采用某一固定节拍进行游戏，可通过相互间动作的配合来增加游戏难度，锻炼反应能力。

八、小猪与厨师

（一）练习方法

（1）一名游戏者跪在地板上。另一名游戏者在其身后站着用双手抱其腰，并向上拉动。

（2）跪在地上的游戏者向下用力，避免自己被拉起来，注意保持身体平衡（图 9-8）。

图 9-8

（二）注意事项

多次变换对手进行游戏。

九、双球互传

（一）练习方法

（1）两名游戏者各拿一球面对面站立，间距适当。

（2）游戏者用双手同时给对方传球（图 9-9）。

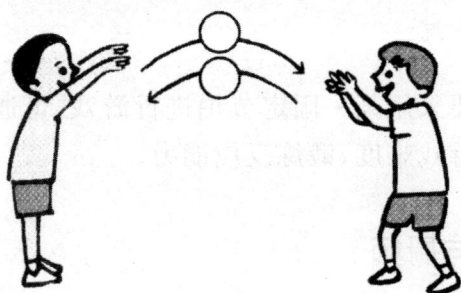

图 9-9

（二）注意事项

两名游戏者的间距可随意调整。可使用篮球、排球、棒球等进行游戏。

十、颠两只球

（一）练习方法

(1)首先向上击一只羽毛球，在该球下落前再向上击另一只球。

(2)正手或反手连续向上击球，避免球落地（图 9-10）。

图 9-10

（二）注意事项

颠球的高度要适当，初步练习时，击高一点，熟练之后颠球高度可适当降低。

十一、球不落地

（一）练习方法

（1）在拍面上放好羽毛球。

（2）利用腕部变化由正手握拍向反手握拍变化（图 9-11）。

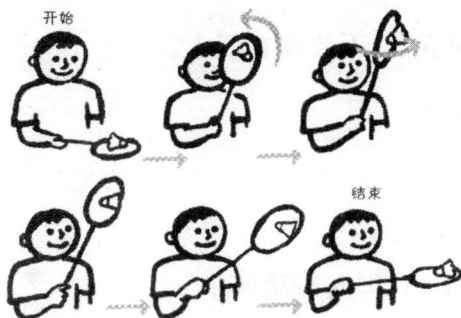

图 9-11

（二）注意事项

（1）保持身体平衡，避免球落地。

（2）熟练后，慢慢进行行走练习，移动步伐要有节奏。

十二、移动步法练习

（一）平行跨步跳

1. 练习方法

（1）并步而立。右脚踩在右侧线外，第2、3步跨入一个梯格中,先左脚,后右脚。

(2)第4步时,左脚跳向斜前方,踩在左侧线外。第5、6步跨入一个梯格中,先右脚,后左脚。

(3)按相反顺序退回(图9-12)。

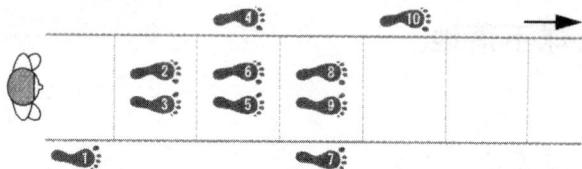

图 9-12

2. 注意事项

注意掌控好节奏,不要踩在线上。

(二)跳跳分腿

1. 练习方法

(1)单腿跳步,右脚向前跳两步。

(2)第3步时,左右两脚分别向前一步踩在左右两线外。

(3)第4、5步时,左脚向前跳两步,第6步时两脚分别向前一步踩在左右两线外(图9-13)。

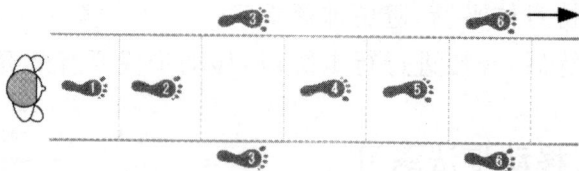

图 9-13

2. 注意事项

教练员在一旁进行指导。

（三）锯齿形跳步

1. 练习方法

（1）双脚并步而立。

（2）并拢两脚跳起后落在左、右侧线两边，锯齿形跳步前行。

（3）接下来，按相反顺序左右跳步，退回原来的位置（图9-14）。

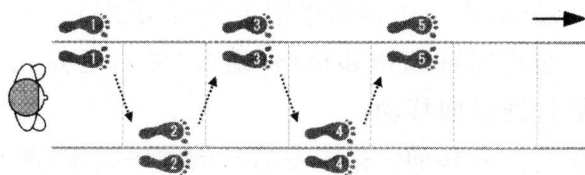

图 9-14

2. 注意事项

注意练习时的顺序，要把握好跳步的轨迹。

（四）交叉跨步

1. 练习方法

（1）横向站立，左脚向右脚前交叉横跨一步踩在第1格中，然后右脚向前横跨一步。

（2）左脚向右脚后方交叉横跨一步，然后右脚跨入相邻梯格向前移动。

（3）由右脚开始向相反方向移动（图9-15）。

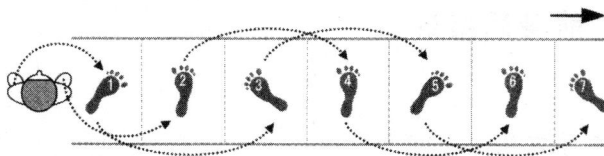

图 9-15

2. 注意事项

互换左右脚顺序进行练习。

(五)横向踏步

1. 练习方法

(1)横向站立,在一个梯格中踏步(先右后左)。

(2)第 3 步迈向右侧相邻梯格,踏步(先右后左)。重复此动作,尽量能够快速横向移动。

(3)向相反方向移动。按先左后右的顺序踏步(图 9-16)。

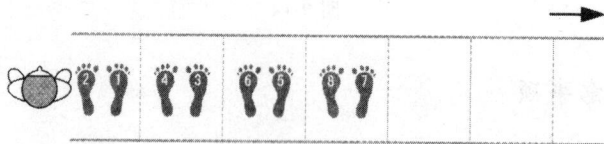

图 9-16

2. 注意事项

(1)按事先规定的顺序横向踏步。

(2)逐渐加快练习节奏。

第四节 带球类游戏

一、身前身后接球

(一)练习方法

(1)将球置于背后,呈背球姿势,一手执球。

(2)向上抛球,使球越过头顶并落向体前,在身前接球。

(3)接下来,由身前向背后掷球,在身后接球。

(4)换手重复进行练习(图 9-17)。

图 9-17

(二)注意事项

有些游戏者接不住球,教练员要提醒这些人在球下落时争取先触到球。

二、穿心而过

(一)练习方法

(1)在背后垂直向上抛球,使球越过头顶并落向体前。

(2)两臂在体前抱成一个圆形,使球穿过圆形落地(图 9-18)。

图 9-18

（二）注意事项

开始练习时，选择较容易的位置，熟练后向不同位置任意抛球，增加游戏难度。

三、接球反应

（一）练习方法

（1）两名游戏者面向而立，其中一人站直，双手各拿一球。另一人屈膝下蹲，做好接球准备。

（2）执球者放开任意一只手中的球，使球下落，下蹲者迅速接球（图 9-19）。

图 9-19

（二）注意事项

在游戏过程中，只要游戏者触到球即为合格。开始时，可双手接球，待熟练后，再进行单手接球的练习。

四、散弹接球

（一）练习方法

（1）两名游戏者一组，二人相向而立，分别在边线位置、中线位置站好。

（2）站在边线的游戏者瞄准同伴的身体掷球。

（3）在中线位置的游戏者用手接球。先用自己习惯握拍的手接球,再练习另一只手接球(图 9-20)。

图 9-20

（二）注意事项

开始练习时,投掷速度慢一些,待熟练后,投掷者逐渐加快速度。

五、执筒接球

（一）练习方法

（1）两名游戏者一组,一人用球拍发球,另一人执羽毛球筒做好接球准备。

（2）执羽毛球筒者接球,让球进入筒中(图 9-21)。

图 9-21

（二）注意事项

注意合理移动步法。

六、接球拉力赛

（一）练习方法

（1）两名游戏者在球网两侧面向而立。

（2）二人互相掷球与接球，使球越过球网（图 9-22）。

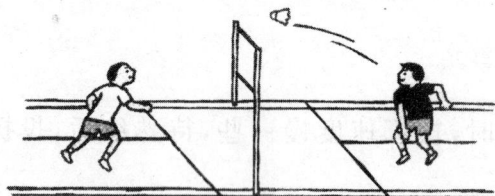

图 9-22

（二）注意事项

（1）初学者可站在白线两侧练习。

（2）掷球速度要适中，要符合游戏者的实际情况。

第五节　击球类游戏

一、削球对练

（一）练习方法

（1）两名游戏者一组在边线两侧面向而立。

（2）按削球要领互相对打，使羽毛球的软木部分与羽根部分同时触拍(图 9-23)。

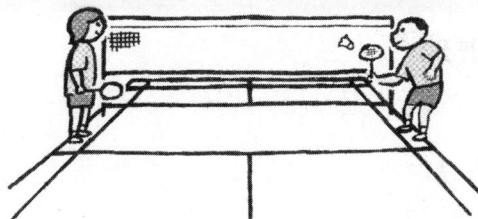

图 9-23

(二)注意事项

削球时,尽量用拍面削羽毛球的软木部分,或使软木部分与羽根部分同时接触拍面。

二、裆下击球

(一)练习方法

(1)双脚左右分立,将羽毛球放在身体前下方的地面上。

(2)用球拍挑球,将球从裆下击向身后(图 9-24)。

图 9-24

(二)注意事项

连续击球过裆,刚开始练习时,对于球飞向何处的问题可以不做考虑。

三、跑动击球

（一）练习方法

（1）平握球拍向前跑动，连续不断地将球击向前方。

（2）使用相对薄弱的那只手重复进行练习（图 9-25）。

图 9-25

（二）注意事项

开始练习时，可进行原地向上击球练习。待熟练后进行跑动击球练习和多人接力击球练习。

四、乒乓球式双人对练

（一）练习方法

（1）四名游戏者两两一组，隔网面向而立。

（2）按照乒乓球规则两人交替击球，双方连续对打（图 9-26）。

（二）注意事项

（1）通过练习，学生要正确把握自己与搭档的位置关系。

（2）可采取比赛形式进行练习，以提高练习的趣味性与竞争性。

图 9-26

五、听口令练回球

（一）练习方法

（1）两名游戏者一组，其中一人负责发球。发球者击球时发出"放小球""后场球"等口令。

（2）接发球者按口令回球（图 9-27）。

图 9-27

（二）注意事项

听口令练回球游戏可促进学生瞬间判断回球方式的能力的

提高。在游戏过程中,可在羽毛球软木部分涂上各种不同的颜色,每种颜色都代表不同的回球方式,接发球者根据羽毛球的颜色采用适当的方法来回球。

六、跳起转身击球

(一)练习方法

(1)两名游戏者一组,一人负责发球。回球者背对发球者站立。

(2)接下来,回球方跳起转身面向发球者,做好击球准备。

(3)发球者在对手跳起转身时击球,回球方迅速反应回击球(图 9-28)。

图 9-28

(二)注意事项

跳起转身击球的游戏可促进学生平衡能力的提高,在游戏过程中,学生要把握好击球时机和节奏。

七、双人发球连回球

(一)练习方法

(1)三名游戏者一组,其中两人负责发球。发球者事先商量好由谁先发球,但不能被接球者听到。

(2)接球方迅速判断来球并回击球(图 9-29)。

图 9-29

(二)注意事项

(1)刚开始练习时,发球方主要发相对容易的球,待熟练后发一些难度较大的球。

(2)发球方式不限,可灵活选用。

八、网上插球

(一)练习方法

(1)两名游戏者在中线位置相向而立。

(2)发球者手持球(软木部分朝上,羽根朝下)。听到"开始"口令后,先将羽毛球挂左侧边线上方球网上沿(将羽毛插在网边上)。使用侧滑步的移动方式。

(3)接下来,向右侧边线移动,将羽毛球插在边线上方球网上沿。左右交替进行练习(图 9-30)。

(二)注意事项

(1)如果游戏者感觉有困难,可不在边线上插球,移动距离可适当缩短。

(2)可采用跑步形式完成练习。

图 9-30

九、反方向闪身

(一)练习方法

(1)两名游戏者一组,一人负责发球。

(2)接发球者接球时,身体先向反方向移动做一个假动作,然后回球(图 9-31)。

(二)注意事项

教练员要提醒学生注意身体姿势的正确性。

图 9-31

参考文献

[1]邱勇.羽毛球 网球[M].北京:北京师范大学出版社,2008.

[2]朱建国.羽毛球运动教学与训练教程[M].北京:清华大学出版社,2015.

[3]姜广义.试析我国羽毛球运动社会化功能[J].吉林体育学院学报,2009(06).

[4]杨敏丽.羽毛球教学与训练[M].北京:北京体育大学出版社,2012.

[5]程路明等.羽毛球[M].北京:高等教育出版社,2006.

[6]陈浩,潘四凤.羽毛球教学与训练图解[M].徐州:中国矿业大学出版社,2013.

[7]齐骥等.大学生羽毛球教学与训练导论[M].哈尔滨:黑龙江教育出版社,2013.

[8]李明芝等.乒乓球、羽毛球、网球[M].北京:清华大学出版社,2015.

[9]张宏伟等.体育游戏的设计与组织[M].哈尔滨:哈尔滨地图出版社,2008.

[10]国家体育总局青少年体育司等.中国青少年羽毛球训练教学大纲[M].北京:北京体育大学出版社,2012.

[11][日]平井博史,[日]渡边哲义著;金晓平译.通过游戏提高羽毛球技术练习100例 羽毛球协调性训练[M].北京:人民体育出版社,2009.

[12]体育理论编写组.体育理论[M].北京:人民体育出版社,1963.

[13]彭道林.试论教学原则[J].湖南师范大学教育科学学

报,2016,15(01).

[14]张英波.现代体能训练方法[M].北京:北京体育大学出版社,2007.

[15]张勇.羽毛球[M].北京:北京体育大学出版社,2003.

[16]赵鹏.羽毛球技巧[M].北京:中国社会出版社,2008.

[17]张瑞林.羽毛球运动(第2版)[M].北京:高等教育出版社,2010.

[18]张振华.体育教学理论与方法[M].北京:北京师范大学出版社,2016.

[19]关北光,毛加宁.体育教学设计[M].成都:西南交通大学出版社,2016.

[20]佟晓东,刘铁.体育教学设计的理论与实践[M].沈阳:东北大学出版社,2009.

[21]杜俊娟.体育教学设计[M].北京:北京体育大学出版社,2007.

[22]陈浩.羽毛球运动[M].杭州:浙江大学出版社,2015.

[23]南来寒.羽毛球[M].长春:吉林文史出版社,2014.

[24]刘霞.高校羽毛球训练研究[M].北京:中国时代经济出版社,2014.

[25]陈治.现代羽毛球技术教学与训练[M].郑州:河南大学出版社,2014.

[26]肖杰.羽毛球运动理论与实践[M].北京:人民体育出版社,2005.